KOKO & DOLORES
Nelly Kolodziejski-Ruthenbeck

FASHION FRUITS

Nähen für Kids!

15 TEILE, EINE KOLLEKTION: SAG TSCHÜSS ZUR FAST FASHION!

EMF

EIN BUCH DER
EDITION MICHAEL FISCHER

INHALT

GRUNDLAGEN

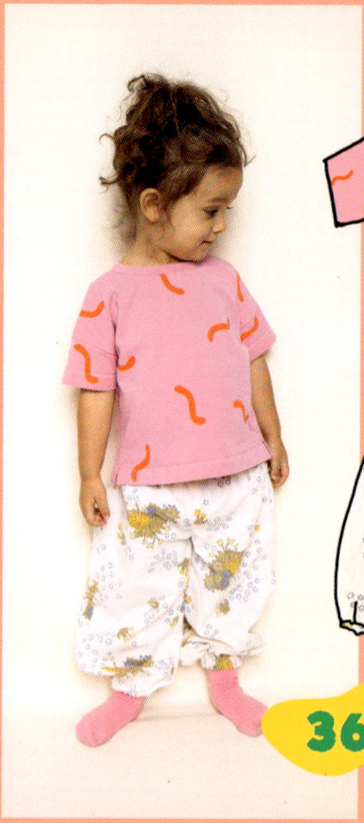

62

Jacke
Flower
Market

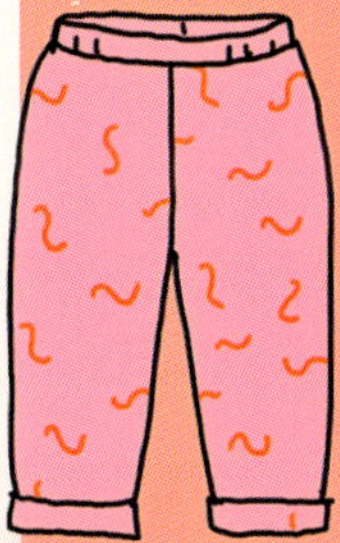

Hose
Apple
Crumble

104

Kleid
Fruitylicious

78

Tasche
Seeds

116

Sweatshirt
Pear my
dear

72

110

Shorts
Picnic

Top
Butterfly

84

90

Jumpsuit
Dragonfruit

96

Weste
Fruit Salad

TSCHÜSS FAST FASHION!

HELLO!

Vielleicht ist heute der Tag, an dem du beginnst, nie wieder Kinderkleidung zu kaufen. Hört sich schwer vorstellbar an? Dann werden die **FASHION FRUITS** und ich dir zeigen, dass es gar nicht schwer ist, Kleidung selbst zu nähen, die schöner aussieht als gekauft. Du musst dafür noch gar keine umfangreichen Vorkenntnisse haben und auch zwei linke Hände sind zwei Hände, mit denen du easy loslegen kannst.

In diesem Buch findest du nicht einfach nur 15 coole, leicht genähte Projekte, sondern einen ganzheitlichen Ansatz zum Selbernähen von Kindermode. Du lernst, wie du mit den **FASHION-FRUITS**-Schnittmustern eine ganze Kinderkollektion planen und umsetzen kannst, damit du in Zukunft nicht einfach nur Einzelteile nähst, die nicht so richtig zusammenpassen wollen. Stell dir vor, jede beliebige, aus dem Schrank gezogene Kombination harmoniert miteinander und alle Teile sind Lieblingsstücke, die gerne getragen werden.

Ich zeige dir, worauf es ankommt, damit deine Kollektion aussieht, als könnte sie in den angesagtesten Kinderfashion-Shops hängen. Natürlich kannst du dich auch entscheiden, einzelne Projekte umzusetzen, ohne gleich eine ganze Kollektion zu nähen. Gerade wenn im Schrank des zu benähenden Kindes eh schon viele Teile hängen, macht es keinen Sinn, nur des Nähens wegen zu nähen. Auch wenn es noch so viel Spaß macht.

Wenn du mich fragst, haben wir durch das Selbernähen von Kleidung eine richtige Sewperpower. Wir können uns von der problematischen Fast Fashion verabschieden. Kürzlich habe ich gelesen, dass es auf der Erde jetzt schon genug Kleidung für die kommenden sechs Generationen gibt. Warum also weitere Ressourcen verschwenden, wenn es bereits nahezu unendliches Material gibt, dem wir ein nächstes Leben schenken können. Die **FASHION FRUITS** machen deswegen vor, wie du aus gebrauchten Textilien, wie vermeintlich ausgedienter Kleidung oder Bettwäsche, Kleidungsstücke nähen kannst, die aussehen wie neu.

Ich teile mit dir wertvolle Tipps für das Sourcing, also die Beschaffung deines Materials. Wenn du tatsächlich eine ganze Kollektion umsetzen möchtest, gilt es schon bei der Wahl der gebrauchten Textilien auf einige Dinge zu achten. Das Upcycling erlaubt dir beim Nähen immer wieder Abkürzungen zu nehmen, denn viele Elemente der gebrauchten Kleidung lassen sich wunderbar in deine neuen Kleidungsstücke integrieren.

Wir werfen außerdem einen Blick auf die Möglichkeiten, Stoffe zu veredeln. Dazu bietet sich unter anderem Siebdruck an, den du problemlos auch mit Kindern zu Hause machen kannst … ganz ohne Chemikalien übrigens.

Natürlich kannst du alle Projekte auch aus Meterware nähen. In den Anleitungen findest du immer Hinweise dazu, aus welchen gebrauchten Textilien sie sich nähen lassen, und wie viel Stoff du benötigst, wenn du Meterware verwendest.

Für größere Größen zu nähen, kann etwas herausfordernder sein, weil deine Ausgangsmaterialien entsprechend umfangreicher vorhanden sein müssen. Dazu findest du später aber noch einige Tipps.

Wenn wir uns wieder Zeit nehmen für unsere Kleidung und den gesamten Prozess der Herstellung genießen – vom Entwerfen über das Sourcing, das Veredeln von Material und das herrlich meditative Nähen (ja, auch Auftrennen ist eine Form der Achtsamkeit) –, werden wir echte Beziehungen zu unseren Kleidungsstücken aufbauen. Sie werden länger getragen und an geliebte Menschen weitergegeben und damit können wir einen wichtigen Beitrag zur Slow Fashion leisten.

HAVE FUN, SEW SISTER!

Nelly

SOURCING

WIE DU AN GUTES MATERIAL KOMMST

Vielleicht kennst du bereits Bilder von riesigen Müllhalden, auf denen nichts lagert außer weggeschmissener Kleidung der Bewohner*innen von Industrienationen. Es gibt gigantische Lagerhallen, in denen gebrauchte Kleidung, die wir hier mit guter Absicht in Textilcontainer werfen, sortiert und kategorisiert werden, um sie erneut zu verkaufen oder wiederzuverwerten. Täglich kommen neue, von der Fast- und Super-Fast-Fashion-Industrie produzierte Kollektionen in die Geschäfte und Onlineshops dieser Welt. Wir sind es mittlerweile gewohnt, Kleidung auszusortieren, lange bevor sie wirklich nicht mehr nutzbar ist. Viele von uns haben sich sicherlich schon mal dabei erwischt, ein Kleidungsstück auszusortieren, an dem sich noch ein Preisschild befand.

Ich muss dir nicht erklären, dass es an der Zeit ist, die Produktion von Mode neu zu denken. Wie wunderbar, dass du dich entschieden hast, Kleidung selbst zu nähen. Damit kannst du bereits dazu beitragen, den gesamten Prozess zu entschleunigen, was für unseren Planeten und die Zukunft unserer Kinder unerlässlich ist.

Auf den folgenden Seiten zeige ich dir, wie viel Spaß es machen kann, vorhandene Ressourcen zu nutzen (und nicht neue in den Kreislauf einzubringen), indem du gebrauchten Textilien ein neues Leben schenkst.

SCHATZKAMMER KLEIDERSCHRANK

Lass uns ehrlich sein, in den meisten Kleiderschränken hängen weitaus mehr Kleidungsstücke als getragen werden. Hier finden sich sicherlich Schätze, die entweder nicht mehr getragen werden, Löcher oder Flecken haben oder nicht mehr passen.

Kleidung von großen Menschen bietet mehr Material für neue Teile, aber auch Kinderkleidung lässt sich nutzen, um daraus Einzigartiges zu nähen. Elemente heiß geliebter Teile, die nicht mehr passen, können wesentlicher Bestandteil neuer Kleidungsstücke werden. Motive auf T-Shirts zum Beispiel lassen sich wunderbar auf neue Shirts aufbringen, indem du sie aus dem alten Shirt herausschneidest und auf einem neuen applizierst. Manchmal reicht es schon, kreative Lösungen zu finden, um zu klein gewordene Kleidung zu vergrößern. Lassen sich Bündchen hinzufügen oder Keile einsetzen, um an Länge oder Weite zu gewinnen?

Ich bin mir sicher, dass es in deinem Umfeld viele Menschen gibt, die dich gerne mit aussortierter Kleidung unterstützen. Sobald du weißt, was du genau benötigst, kannst du gezielt Freunde und Familie nach geeigneten Teilen fragen.

TiPP

Wenn du die gebrauchten Kleidungsstücke in ihre Einzelteile zerlegst, steht dir mehr Stoff zur Verfügung, als wenn du einfach mit dem Zuschnitt loslegst. Nimm dir also, wenn nötig, die Zeit, Nähte aufzutrennen. Manchmal kommt es beim Upcycling auf Zentimeter an.

SECONDHANDSHOPS, SOZIALKAUFHÄUSER UND KARITATIVE EINRICHTUNGEN

Gerade wenn du eine ganze Kollektion planst und genaue Vorstellungen davon hast, welche Stoffarten, Farben und eventuell Muster du einsetzen möchtest, kann es sein, dass du im eigenen Kleiderschrank oder denen von Familien und Freunden an Grenzen stößt.

Keine Sorge, auch hierfür gibt es natürlich eine Lösung. In nahezu allen Städten und Gemeinden gibt es Orte, an denen gebrauchte Kleidung verkauft wird. Mit dem aktuellen Trend zu Vintage Fashion kann man allerdings eine ziemliche Preissteigerung bei den angesagten Secondhand-Fashion-Läden feststellen, sodass die Investitionen schnell ausufern können. Daher empfehle ich, sich nach Sozialkaufhäusern oder karitativen Einrichtungen umzuschauen, die vielleicht nicht die angesagtesten Teile im Angebot haben, deren Textilien sich aber als Rohware für das Upcycling mindestens genauso gut eignen und deutlich günstiger sind. Gerade wenn selbst genähte Kleidung preislich mit Fast Fashion konkurrieren können soll, findest du dort ein hervorragendes Angebot, das teilweise auch per Kilo abgerechnet wird.

Sobald du eine Materialliste erstellt hast, kannst du dich gezielt auf die Suche nach den Textilien machen, die als Rohware für deine neuen Stücke dienen sollen. Bleibe offen für Zufallsfunde, vermeide zu konkrete Bilder davon, wie deine Rohware aussehen soll und lasse dich darauf ein, dass der kreative Prozess die Erschaffung von etwas Neuem ist, das aus begrenzten, alten Ressourcen entsteht.

Nimm dir Zeit für die Suche und lass dich inspirieren, von den Dingen, die dir unterwegs begegnen, umarme die Flexibilität und verabschiede dich vom langweiligen Perfektionismus.

TIPP

Ich habe meine Rohware im eigenen Kleiderschrank gesucht, von meinen Sew Sisters geschenkt bekommen und bei Humana sowie im Textilhafen der Stadtmission gefunden. In Summe habe ich weniger als 100 € ausgegeben und daraus 22 neue Teile genäht. Der Materialaufwand pro Teil liegt damit unter 5 €.

BE DIFFERENT BABE!

GUTER STOFF

WIE DU DAS RICHTIGE MATERIAL AUSWÄHLST

Wenn man sich in Geschäften für Kinderkleidung umschaut, stößt man häufig auf dieselben Stoffarten. Das hängt damit zusammen, dass sich einige Stoffe besser für Kinder eignen als andere. Das gilt natürlich ebenso, wenn du gebrauchte Textilien nutzen möchtest, um daraus neue Kleidung zu nähen.

TIPP

*Bei der Wahl der Stoffarten macht es Sinn, sich an Kaufkleidung zu orientieren. Welche Stoffe werden für Shirts, Pullover oder Hosen verwendet? Diese Informationen können helfen, die richtigen Stoffe zu wählen. Wenn du nicht weißt, um welche Stoffart es sich bei einem Kleidungsstück handelt, frage einfach eine*n Verkäufer*in oder eine*n Schneider*in in deiner Nähe.*

Als Grundregel beim Nähen von Kleidung aus gebrauchten Textilien kannst du dir merken, dass du nichts falsch machst, wenn du den Stoff für ein T-Shirt aus einem gebrauchten Shirt gewinnst. Eine gebrauchte Hose eignet sich entsprechend als Rohware für eine neue Hose.
Der Lieblings-Sweater mit Flecken bekommt als neuer Kinderpullover ein zweites Leben geschenkt. Aber natürlich kannst du bei der Wahl deiner Materialien auch ganz neue Einsatzmöglichkeiten erschaffen. So wird Bettwäsche zu einer neuen Jacke, einem Hut und einer Tasche oder ziert als Volants coole Sommertops.

TIPP

Bettwäsche, Tischdecken, Vorhänge und Handtücher sind hervorragende Rohware für neue Kleidung, da sie aus großen textilen Flächen bestehen und sich daher auch sehr gut eignen, wenn du größere Größen nähen möchtest.

Grundsätzlich kann man Stoffe danach unterscheiden, wie sie hergestellt werden, also wie die Garne zu einer textilen Fläche werden, und ob es sich um Naturfasern oder künstliche Fasern handelt.

WEB- UND STRICKWARE

Man unterscheidet Web- und Strickware. In der **FASHION-FRUITS**-Kollektion finden beide Arten von Stoffen Anwendung.

Webware wird durch das Verweben von Fäden in einem bestimmten Muster hergestellt. Dies geschieht auf Webstühlen, bei denen die Fäden horizontal und vertikal miteinander verkreuzt werden. Dadurch entsteht ein fester und stabiler Stoff, der nur im schrägen Fadenlauf elastisch ist, wenn kein elastischer Faden verwebt wurde. Webware eignet sich besonders gut für Hosen, Jacken, Kleider, Taschen und Hüte. Beispiele für Webware sind Popeline aus Baumwolle, Twill und Denim.

Strickware hingegen wird durch das Verschlingen von Fäden miteinander hergestellt. Dies geschieht mithilfe von Stricknadeln oder Strickmaschinen. Strickware ist flexibel und dehnbar, da die Maschen sich leicht bewegen können. Beispiele für Strickware sind Jersey, Interlock, French Terry und Sweatstoff. Strickware kann verschiedene Texturen und Muster haben, je nachdem, wie die Maschen gestrickt werden.

Der Hauptunterschied zwischen Webware und Strickware liegt also in der Art und Weise, wie die Fäden miteinander verbunden werden. Webware ist fester und stabiler, während Strickware flexibler und dehnbarer ist. Für welche Stoffart du dich entscheiden solltest, hängt von der beabsichtigten Verwendung ab. Webware eignet sich gut für Kleidungsstücke, die eine gewisse Festigkeit erfordern, während Strickware für Kleidungsstücke geeignet ist, die bequem und dehnbar sein sollen.

Wenn ich in die Kleiderschränke meiner Söhne schaue, haben sich folgende Stoffarten besonders bewährt, weswegen ich sie auch in der **FASHION-FRUITS**-Kollektion verwende.

JERSEY (STRICKWARE)

Jersey ist ein weicher, dehnbarer Strickstoff, der oft für die Herstellung von bequemer Kleidung verwendet wird. Er besteht in der Regel aus Baumwolle, kann aber auch Mischungen mit anderen Fasern wie Polyester oder Viskose enthalten und zeichnet sich durch seine feine Maschenstruktur aus, die ihm eine hohe Elastizität und Flexibilität verleiht.

Aufgrund seiner dehnbaren Eigenschaften eignet sich Jersey besonders gut für eng anliegende Kleidungsstücke wie T-Shirts, Leggings und Unterwäsche. Er ist angenehm auf der Haut, leicht zu pflegen und es gibt ihn in verschiedenen Gewichtsklassen, von leichtem Sommer-Jersey bis zu schwererem Winter-Jersey.

In der Modeindustrie werden T-Shirts überwiegend aus Jersey hergestellt, der zu 100 % aus Baumwolle besteht. Die meiste Jersey-Meterware, die du in Stoffläden oder online kaufen kannst, enthält für eine höhere Elastizität und die Eigenschaft, in seine alte Form zurückzuspringen, zusätzlich künstliche Fasern.

Ich bevorzuge die Qualität ohne Elasthananteil. Ein Grund mehr, gebrauchte Kaufshirts als Rohware für Kindershirts zu nutzen.

FRENCH TERRY (STRICKWARE)

French Terry ist ein Strickstoff, der sich durch seine besondere Textur auszeichnet. Im Gegensatz zu glattem Jersey weist French Terry eine Schlingenoberfläche auf der Rückseite auf, während die Vorderseite glatter ist. Dieser Stoff besteht häufig aus Baumwolle, kann jedoch auch Mischungen mit anderen Fasern enthalten. French Terry ist leicht, atmungsaktiv und bietet eine gewisse Dehnbarkeit, was ihn zum idealen Stoff für bequeme Kinderkleidung macht.

Die Schlingen auf der Rückseite sorgen für eine leichte Polsterung und eine verbesserte Luftzirkulation, wodurch der Stoff sich gut für verschiedene Jahreszeiten eignet. Er ist besonders beliebt, wenn es um coole, gemütliche Kleidungsstücke geht.

SWEATSTOFF (STRICKWARE)

Sweatstoff, auch bekannt als Sweat, ist ein textiles Material, das speziell für die Herstellung von warmen und bequemen Oberbekleidungsstücken entwickelt wurde. Dieser Stoff zeichnet sich durch seine weiche Oberfläche und die Fähigkeit aus, Wärme gut zu halten. Sweatstoff besteht oft aus Baumwolle oder Mischungen mit synthetischen Fasern wie Polyester.

Eine charakteristische Eigenschaft von Sweatstoff ist seine angeraute Innenseite, die für zusätzliche Wärme und Komfort sorgt. Sweatstoff ist dehnbar, was eine gute Bewegungsfreiheit ermöglicht, und er absorbiert Feuchtigkeit, was ihn ideal für sportliche Aktivitäten und Kinderkleidung macht. Sweatstoff kannst du beispielsweise für Pullover, Hoodies, Jogginghosen, Kleider und Jacken verwenden.

DENIM (WEBWARE)

Denim ist ein strapazierfähiges Baumwollgewebe mit einer charakteristischen Körperbindung, die durch diagonale Rippen oder Rillen auf der Oberfläche gekennzeichnet ist. Dieser robuste Stoff wird oft für die Herstellung von Jeans und anderen langlebigen Kleidungsstücken verwendet.

Denimstoffe können unterschiedliche Gewichtsklassen haben, wobei sich leichtere Denims besser für Kinderkleidung eignen. Der Stoff zeichnet sich durch seine Langlebigkeit aus und neigt dazu, mit der Zeit eine individuelle Patina zu entwickeln, was ihm einen charakteristischen Look verleiht. Typischerweise ist Denim in Blautönen erhältlich, aber es gibt auch andere Farbvarianten. Die Herstellung von Denim beinhaltet oft einen speziellen Färbeprozess namens Indigo-Färbung, der dem Stoff seine typische blaue Farbe verleiht.

Denim ist aufgrund seiner Vielseitigkeit und Haltbarkeit weltweit sehr beliebt und du kannst ihn nicht nur für Jeans, sondern auch für Jacken, Röcke, Taschen und andere Kleidungsstücke einsetzen.

POPELINE (WEBWARE)

Popeline ist ein Baumwollstoff mit einer glatten, feinen Webart. Charakteristisch für Popeline sind die dichte Bindung und die glatte Oberfläche, die dem Stoff ein leicht glänzendes Aussehen verleiht. Dieser Stoff ist leicht, atmungsaktiv und angenehm auf der Haut.

Die feine Webart ermöglicht es, den Stoff gut zu bedrucken oder zu färben, was gerade beim Upcycling eine wunderbare Eigenschaft ist. Popeline eignet sich für Hosen, Kleider, Röcke und andere leichtere Kleidungsstücke.

TWILL (WEBWARE)

Twill ist eine spezielle Bindungstechnik in der Weberei, die ein charakteristisches diagonales Muster auf der Oberfläche des Stoffes erzeugt. Der Twill-Effekt entsteht durch das regelmäßige Anheben der Kettfäden über mehrere Schussfäden hinweg. Dieser Versatz erzeugt schräge Linien.

Twillstoffe können aus verschiedenen Materialien bestehen, darunter Baumwolle, Wolle, Seide oder synthetische Fasern. Die Twillbindung verleiht dem Stoff eine gewisse Festigkeit und Strapazierfähigkeit. Die diagonalen Linien auf der Oberfläche verleihen dem Twill nicht nur eine interessante Textur, sondern sorgen auch dafür, dass der Stoff weniger anfällig für Knitterfalten ist. Du kannst Twill super für Hosen und Jacken verwenden.

FLEECE (STRICK- ODER WEBWARE)

Fleece kann sowohl als Strick- als auch als Webware hergestellt werden, aber die gebräuchlichere Methode ist die Herstellung als Strickware.

Fleece ist ein weicher, flauschiger Stoff, der in der Regel aus synthetischen Fasern wie Polyester hergestellt wird. Es zeichnet sich durch seine isolierenden Eigenschaften aus, die dazu beitragen, Wärme zu speichern und gleichzeitig leicht und atmungsaktiv zu bleiben. Fleece hat eine kuschelige Oberfläche, die oft mit kleinen, flauschigen Fasern bedeckt ist.

Dieser Stoff wird häufig in der Herstellung von warmen Oberbekleidungsstücken wie Jacken, Pullovern und Decken verwendet. Er ist besonders beliebt für Aktivitäten im Freien und kaltes Wetter, da er Wärme bietet, dabei aber leicht und flexibel bleibt. Fleece hat außerdem die Eigenschaft, Feuchtigkeit gut abzuleiten, was dazu beiträgt, den Körper trocken zu halten.

Fleece ist in verschiedenen Dicken und Texturen erhältlich, von dünnem Mikrofleece bis hin zu schwererem Polarfleece. Aufgrund seiner Weichheit, Wärme und Pflegeleichtigkeit ist Fleece ein beliebter Stoff für gemütliche Kleidung und Accessoires.

NATÜRLICHE UND KÜNSTLICHE FASERN

Je nachdem, welche Eigenschaften das Kleidungsstück haben soll, das du nähst, musst du entscheiden, aus welchen Fasern der Stoff entstanden sein soll, den du dafür verwendest.

Natürliche Fasern wie Baumwolle, Leinen, Wolle und Seide werden aus natürlichen Quellen (also aus Pflanzen oder von Tieren) gewonnen. Diese Fasern sind oft atmungsaktiv und angenehm auf der Haut. Baumwolle beispielsweise ist weich und gut für warme Wetterbedingungen geeignet, während Wolle wärmeisolierend ist und Feuchtigkeit gut regulieren kann. Sie sind biologisch besser abbaubar und ich ziehe sie den künstlichen Fasern nicht nur für Kinderkleidung vor.

Synthetische Fasern, darunter Polyester, Nylon, Polypropylen und Elasthan, werden künstlich hergestellt. Sie zeichnen sich durch Haltbarkeit und Pflegeleichtigkeit aus. Polyester ist vielseitig und knitterarm, Nylon ist stark und elastisch, Polypropylen ist leicht und feuchtigkeitsbeständig, während Elasthan extrem dehnbar ist und häufig in eng anliegender Sportbekleidung, aber auch häufig in Jersey-Meterware verwendet wird.

Synthetische Fasern werden aus Mineralöl hergestellt und bauen sich über Jahrtausende nicht ab. Da macht es doch besonders viel Sinn, bereits vorhandene Kleidungsstücke aus Kunstfasern für neue Lieblingsteile zu verwenden und nicht auf neue Meterware zurückzugreifen.

TIPP

Alle Arten von Stoff enthalten in der Regel toxische Stoffe wie Pestizide, Farbstoffe oder Chemikalien, die sie feuchtigkeitsbeständig oder schwerer entflammbar machen. Die Textilindustrie heute ist hochgradig globalisiert. Rohstoffe und fertige textile Flächen legen Tausende Kilometer zurück, ehe sie zu ihrem finalen Einsatz kommen. Damit sie die langen Wege unbeschadet überstehen, werden sie mit den unterschiedlichsten Appreturen behandelt. All diese toxischen Stoffe kommen beim Tragen der Kleidung mit unserem größten Organ – der Haut – in ausgiebigen Kontakt. Gerade bei Kleidungsstücken für Kinder empfehle ich deshalb, auf nachhaltige Qualitätssiegel zu achten.

TIPP

Unbedenklicher als nahezu jeder andere Stoff sind gebrauchte Kleidungsstücke als Rohware, die ihr erstes Leben bereits gelebt und viele Waschgänge hinter sich haben. Der größte Teil der ungesunden Chemikalien ist aus ihnen bereits herausgewaschen.

FASHION FRUITS

WIE DU EINE KOLLEKTION PLANST

Zweimal im Jahr findet mein Online-Workshop rund um das Kreieren einer eigenen Kollektion statt. Er läuft über vier Wochen und ich zeige, wie es auch ohne ein Modedesign-Studium gelingt, eine Kollektion für Kinder oder sich selbst zu entwerfen, zu planen und umzusetzen. Natürlich lässt sich eine Kollektion auch aus gebrauchten Textilien erstellen. Dabei entstehen ein paar besondere Herausforderungen, weil die Rohware nur begrenzt zur Verfügung steht.

Ich habe dir schon erklärt, warum es Sinn machen kann, ganzheitlich an die Herstellung von Kleidung zu gehen. Wenn nahezu alle Klamotten im Schrank untereinander kombinierbar sind, sparst du nicht nur Zeit, sondern auch Nerven. Es fallen tägliche Entscheidungen weg, es bleibt mehr Zeit für die wesentlichen Dinge. Wenn wir wirkliche Beziehungen zu unseren materiell notwendigen Besitztümern haben, schätzen wir sie mehr, pflegen sie und sorgen dafür, dass sie uns lange begleiten. Wir brauchen weniger Neues und entlasten damit die Umwelt.

Es ist gar nicht nötig, die klassischen Saisons der Modeindustrie zu übernehmen und ständig neue Kollektionen zu entwickeln. Aber weil Kinder wachsen und die Jahreszeiten unterschiedliche Anforderungen an unsere Kleidung stellen, kann es schon Sinn machen, sich halbjährlich intensiver mit der eigenen Kleidung zu befassen.

Bevor du also eine ganze Kollektion planst, schaue zunächst, was ihr bereits besitzt und was wirklich benötigt wird. Dabei können die Themen der Kollektionen trotzdem jedes Mal wechseln. Vielleicht ist es eine innere Farbkarte oder die Vorliebe für bestimmte Stoffe oder Muster, die den roten Faden zwischen den Kollektionen bilden. Aber lass uns Schritt für Schritt vorgehen.

DEIN KOLLEKTIONSTHEMA

Während meines Workshops gebe ich immer ein Thema vor. Dadurch kann ich während der einzelnen Module konkreter zeigen, wie man bei der Erstellung systematisch vorgehen kann. Außerdem ist es immer so spannend zu sehen, wie unterschiedlich die Herangehensweisen der Sew Sisters sind und welche individuellen Ergebnisse dabei entstehen.

Wenn du magst, kannst du dich also ganz dem Thema **FASHION FRUITS** hingeben und es als Inspiration nutzen, um deine eigene Kollektion zu planen. Aber natürlich kannst du auch selbst ein Thema wählen, zu dem du ganz viele Inspirationen sammelst.

Wenn du für ein Kind nähst, macht es auch ganz viel Spaß, zusammen in den Kreationsprozess einzutauchen. Welche Dinge inspirieren das Kind? Wie sieht es seine Welt, und wie können sich die Ideen des Kindes später in der Kleidung widerspiegeln? Diese Einbindung führt auch dazu, dass die genähte Kleidung nicht nur dir, sondern auch der*dem Träger*in gefällt und es ist einfach ein ganz besonderes Gefühl, wenn die Stücke, die du genäht hast, mit Liebe getragen werden.

DAS MOODBOARD

Inspiration findet sich im wahrsten Sinne des Wortes überall: in Zeitschriften, im Kinderzimmer, in Büchern, in der Natur, in der Stadt, in Filmen und Liedern, in Shops für Kinderkleidung und natürlich überall im Internet, auf diversen Social-Media-Plattformen oder bei Pinterest.

Trage deine Ideen zusammen. Ich bin eine große Anhängerin des analogen Moodboards. Wenn du magst, schnappst du dir Schere, Papier und Stifte und erstellst dein eigenes, das du während der Umsetzung deiner Kollektion immer im Blick haben kannst, wenn du es dir über die Nähmaschine hängst.

Das Moodboard ist so etwas wie die DNA deiner Kollektion. Es enthält wesentliche Elemente in Bezug auf Formen, Texturen, Muster und Farben, die deine Kollektion später prägen werden. Während des ganzen Entwurfsprozesses dient es dir als Referenz.

Gerade beim Erstellen einer Kollektion aus gebrauchten Textilien ist eine gewisse Flexibilität gefragt. Vielleicht fällt es schwer, genau die Rohware zu beschaffen, die dein Moodboard vorgibt. Das ist völlig ok. Dein Moodboard kannst du auf unterschiedliche Art interpretieren. Es ist ein nützliches Tool, sollte dich beim Erstellen deiner Kollektion aber nicht unter Druck setzen. Damit am Ende eine Kollektion entsteht, dient das Moodbaord als visuelle Checkliste, ob die Materialien, Farben und Formen, die du wählst, einen inhaltlichen und optischen Zusammenhang haben werden.

DER PLAN

Sobald du die DNA deiner Kollektion mithilfe des Moodboards visualisiert hast, kannst du dich an die konkrete Planung der zu nähenden Kleidungsstücke machen. Fertige dafür am besten eine Aufstellung an, die festhält, welche konkreten Teile gebraucht werden.

Wenn dabei eine lange Liste entsteht, heißt das natürlich nicht, dass du jetzt Urlaub nehmen musst, um alles sofort umzusetzen. Nimm dir auch beim Nähen der einzelnen Teile alle Zeit, die du brauchst.

Ich nutze bei der Kollektionsplanung Zeichnungen der Kleidungsstücke, die ich umsetzen möchte. Wenn du also weißt, welche Teile du nähen willst, gehe auf die Suche nach den passenden Schnittmustern. Wie praktisch, dass du hier bereits 15 coole Schnittmuster gesammelt vorliegen hast, die du ohne weitere Recherche nutzen kannst.

Sobald du weißt, welche Schnittmuster du umsetzen wirst, kannst du dir ebenfalls Zeichnungen der Teile anfertigen. Zeichne dafür einfach nur die Außenlinien auf.

TiPP

Es geht nicht darum, einen Zeichenwettbewerb zu gewinnen, sondern ein Tool zu haben, das dir dabei hilft, eine harmonische Kollektion zu planen, die Material, Formen und Farben ausgewogen beinhaltet. Wenn du es also noch nicht getan hast, wirf den Perfektionismus spätestens jetzt über Bord.

Später kannst du die Zeichnungen auf Kärtchen kleben, um sie wie ein Puzzle hin- und herzuschieben, damit du überprüfen kannst, ob sie miteinander harmonieren und ob du noch bestimmte Kleidungsstücke hinzufügen oder entfernen solltest. Auf diese Weise kannst du bereits die möglichen Outfit-Kombinationen visualisieren. Das macht super viel Spaß und Vorfreude auf das, was mit deiner Nähmaschine entstehen wird.

MATERIAL

Die Wahl des Materials leitet sich direkt vom Moodboard und von der Saison ab, für die du nähst. Wenn du Meterware verwendest, legst du nun fest, welche Stoffe du vernähen wirst.

Beim Upcycling ist der Prozess des Material-Sourcings etwas spannender, denn zunächst geht es darum, genug Rohware zu beschaffen, die es dir ermöglicht, einen harmonischen Gesamteindruck deiner Kollektion zu erschaffen. Es gibt hier verschiedene Möglichkeiten. Entweder füllst du bereits hier deine Zeichnungen mit den Wunschfarben und -materialien, so wie du es für eine Kollektion aus Meterware tun würdest. Sicherlich wird das Sourcing deiner Rohware dann etwas aufwendiger, weil du dich nach ganz konkretem Material umschauen musst. Du wirst auf diese Art trotzdem fündig werden. Es ist nur eine Frage der Zeit.

Ich gehe etwas anders vor und suche zunächst an Orten nach Inspiration, an denen es gebrauchte Textilien gibt. Mit meinem Kollektionsthema im Kopf und meinem Moodboard in der Hand suche ich nach Rohware, die in die Farb- und Materialwelt meines Moodboards passt. In der Regel finde ich schnell so etwas wie meine Keypiece-Rohware. Also eine gebrauchte Textilie, um die herum ich meine Kollektion aufbauen möchte.

Im Falle der **FASHION-FRUITS**-Kollektion war dies ein Kleid aus grün-weiß karierter Baumwolle und alte Bettwäsche mit Blümchenmuster. Vor meinem inneren Auge erschien ein sommerliches Picknick mit lachenden Kindern, viel Obst und bunten Blumen auf einer großen Wiese. Mein Moodboard wurde also in Gedanken lebendig.

Passend zu den anderen Elementen des Moodboards ergänze ich die Keypiece-Rohware um einfarbige oder wenig gemusterte Rohware und orientiere mich an der Farbwelt des Moodboards. Grundsätzlich empfehle ich, eine Farbkarte festzulegen, die ungefähr fünf Farben enthält. Farbe ist ein gutes Werkzeug, um einen roten Faden in deine Kollektion zu bringen. Das gilt auch für die Anzahl der Stoffe. Setze sie in mehreren zu nähenden Teilen ein und erschaffe somit eine zusammenhängende Kollektion.

Beim Sourcing gebrauchter Textilien kannst du gezielt nach Materialarten suchen. Viele Shops und Einrichtungen sortieren ihre Ware nach Artikeltyp. Wenn du also zum Beispiel Sweatstoff benötigst, schaue dich bei den Pullovern und Sweatshirts um.

Für meine **FASHION-FRUITS**-Kollektion habe ich eine Vielzahl von Sweatern in Off white gesourced. Keiner hatte den gleichen Farbton wie der nächste. Aber erstens kennst du meine Devise zum Thema Perfektionismus bereits und zweitens bist du kreativ genug, um dafür eine Lösung zu finden, indem du deine gesammelte Rohware später noch selbst veredelst. Mache dir also keinen Kopf, wenn Farben nicht hundertprozentig übereinstimmen, ich zeige dir später, mit welchen Tricks du sie optisch zusammenbringst.

MATERIAL-CHECKLISTE

Für das Sourcing deiner Rohware kannst du dir eine Material-Checkliste zusammenstellen, die du immer bei dir hast, wenn du auf die Suche gehst oder in deinem Umfeld nach gebrauchten Textilien fragst. Halte auf deiner Checkliste fest, welche Stoffarten du benötigst, welche Farben sie vorzugsweise haben sollten, wie viel du von der jeweiligen Stoffart benötigst und ob du eine oder mehrere Keypiece-Rohware verwenden wirst. Du kannst auch kleine Stücke bereits gesourcter Materialien auf der Checkliste befestigen, damit du Material und Farbe bei Bedarf vergleichen und abstimmen kannst.

TIPP

Wir alle tragen eine innere Farbkarte in uns. Also Farben, die in uns ein Wohlgefühl auslösen. Orientiere dich an dieser Farbkarte bzw. der Farbkarte des Kindes, für das du nähen möchtest, damit steigerst du die Wahrscheinlichkeit, dass die Kollektion später getragen und geliebt wird.

UPCYCLING
TIPPS & TRICKS

Gebrauchten Textilien zu einem neuen Leben zu verhelfen, beinhaltet die ein oder andere Herausforderung, aber vor allem ganz viele Möglichkeiten und Vorteile gegenüber dem Nähen mit Meterware.

TRAINIERE DEINE KREATIVITÄT

Der Irrglaube hält sich, Kreativität sei etwas, das man hat oder eben nicht. Tatsächlich tragen wir sie alle in uns, machen aber unterschiedlich Gebrauch von ihr. Kreativsein bedeutet nicht, dass man besonders künstlerisch begabt ist, sondern dass du in der Lage bist, aus vorhandenen Dingen etwas Neues zu erschaffen. Upcycling ist also ein fantastisches Training für deine Kreativität.

SPARE ZEIT UND WÜRDIGE DAS HANDWERK

Wenn du aus fertiger Kleidung neue Stücke entstehen lässt, kannst du beim Zuschnitt Elemente der alten Teile nutzen, die du in deine neuen Kleidungsstücke integrierst. Nutze vorhandene Säume, Taschen, Knopfleisten oder andere Elemente und spare dadurch Zeit beim Nähen. Gerade wenn du dich noch nicht so sicher fühlst, aufwendige Techniken zu nutzen, musst du trotzdem nicht auf eine besondere Verarbeitung verzichten.

Bei der Weste **FRUIT SALAD** habe ich einfach die Taschen der Fleecejacke, die ich als Rohware verwendet habe, in das neue Kleidungsstück integriert.

Beim Shirt **PEPINO** habe ich den bestehenden alten Saum genutzt und profitiere dadurch von einer industriellen Saumverarbeitung, die mit der eigenen Nähmaschine so nicht möglich ist.

Bei der Hose **ORANJEANS** habe ich die Gesäßtasche der gebrauchten Jeans einfach auf die neue Hose genäht.

Beim Sourcing deiner Materialien kannst du sogar so vorgehen, dass du besondere Elemente an Kleidungsstücken in den Vordergrund der Suche stellst, um sie später in deinem neuen Teil voll zur Geltung kommen zu lassen.

FÜR GRÖSSERE GRÖSSEN NÄHEN

Es ist wirklich nicht schwer, kleine Kindergrößen mit gebrauchten Textilien umzusetzen, weil in der Regel alle Schnittteile problemlos in die Rohware passen. Bei größeren Größen stößt du hier vielleicht eher an die Grenzen des gebrauchten Materials. Es gibt mehrere Möglichkeiten, dieses vermeintliche Problem zu lösen.

- Beschaffe ähnliches Material und setze das neue Kleidungsstück aus mehreren Teilen Rohware zusammen.
- Füge Teilungsnähte in dein Schnittmuster ein. Teile also zum Beispiel das Schnittmusterteil des Vorderteils eines Shirts unter der Brust und schneide nun beide Teile zunächst aus unterschiedlicher Rohware zu. Nähe dann beide Teile zusammen, bevor du mit der weiteren Bearbeitung fortfährst.
- Trenne die Nähte der Rohware auf, um wirklich jeden Zentimeter nutzen zu können.
- Nicht immer ist es wichtig, dass deine Schnittteile richtig im Fadenlauf liegen. Manchmal hilft es, wenn du sie auf der begrenzten Rohware drehst. Frage bei einer*m Stoffhändler*in deines Vertrauens nach. Bei kleineren Teilen, bei denen Fall und Elastizität keine Rolle spielen, ist der Fadenlauf zu vernachlässigen. Sei mutig!
- Nutze Colourblocking und setze bewusst verschiedenfarbige Rohware aus derselben Stoffqualität für dein Kleidungsstück ein. Beim Kleid **FRUITYLICIOUS** habe ich Ärmel und Bündchen einfach aus einem anderen Stoff genäht.

VEREDLE DEINEN STOFF

Wenn du geeignete Rohware für deine Nähprojekte gefunden hast, solltest du sie zuerst waschen. Auch wenn gebrauchte Kleidung in der Regel für uns deutlich unbedenklicher ist, weil ein Großteil der verwendeten Chemikalien bereits ausgewaschen ist, weißt du nicht immer, wie und wo die gebrauchten Textilien zwischengelagert wurden. Insbesondere für Allergiker*innen sollte das Waschen der erste Schritt im Verarbeitungsprozess sein. Hier unterscheidet sich das Upcycling also nicht von der Herstellung mit Meterware.

Ich gebe beim Waschen von gebrauchten Textilien vier Tropfen reines ätherisches Zitronenöl in die Wäsche. Es hat eine reinigende Wirkung.

Beim Sourcing vergleichbarer Stoffe, um ganze Kollektionen oder größere Größen nähen zu können, wirst du immer wieder mit der Situation konfrontiert sein, dass die Farbtöne der Rohware leicht voneinander abweichen. Wenn du großen Wert darauf legst, die Farben anzugleichen, kannst du deine gebrauchten Textilien aus Baumwolle einfach selbst färben. Dafür stehen dir eine Vielzahl von möglichen Techniken zur Verfügung. Auch weiße oder sehr helle Rohware aus Baumwolle kannst du grundsätzlich in deiner Wunschfarbe färben.

Das Färben ist eine eigene Wissenschaft, die sicherlich Übung und Geduld erfordert, aber am Ende belohnt wird, weil du noch mehr Einfluss auf dein Ergebnis nimmst und dir ein neues Feld für deine Kreativität erschließt. Besonders die Färberei mit Pflanzen und anderen natürlichen Stoffen macht viel Spaß und stellt dir eine unglaubliche Palette an Farben zur Verfügung.

Ich hatte schon erwähnt, dass ich beim Sourcing immer auf der Jagd nach einfarbiger Rohware bin, sie gibt mir die umfangreichsten Möglichkeiten, die Stoffe noch selbst zu „manipulieren" und zu gestalten. Eine meiner liebsten Techniken, um Muster und Motive auf Stoff zu bringen, ist das Siebdrucken, weshalb du auf Seite 42 eine Anleitung dazu und hier im Buch (siehe SB 6) auch **FASHION-FRUITS**-Druckvorlagen findest. Eine tolle Ergänzung zum Siebdruck ist das Arbeiten mit Textilfolien. Die ausschneidbaren Folien mit verschiedenen Oberflächen lassen sich mit dem Bügeleisen auf Stoffe applizieren und verleihen ihnen so einen neuen Look. Auf Seite 70 findest du auch hierzu eine Anleitung.

Eine meiner liebsten Upcycling-Techniken ist das Wattieren von Stoffen. Sie ermöglicht es mir, leichte Baumwollstoffe herbst- und wintertauglich zu machen. Sowohl bei der Weste **FRUIT SALAD** als auch bei der Jacke **FLOWER MARKET** verwende ich diese Technik, um einem leichten Stoff die Fähigkeit zur Kälteisolation zu verleihen. Dafür wird Vlies mit einem Muster deiner Wahl auf den Stoff gesteppt (siehe Seite 64). Auch wenn es ein bisschen Zeit in Anspruch nimmt, ist es wirklich leicht, natürlich auch bei Meterware möglich und das Ergebnis immer wieder beeindruckend.

WENIGER IST MEHR

ZUBEHÖR, WERKZEUG & KURZWAREN

Seit längerer Zeit beobachte ich ein regelrechtes Materialaufrüsten bei Selbernäher*innen. Ich kann den Wunsch verstehen, dass selbst genähte Kleidung so schön aussieht wie gekauft. In diesem Zuge nutzen viele neben der Nähmaschine weitere Maschinen wie Overlock und Coverlock, die es mittlerweile auch für Endverbraucher*innen gibt.

Ich verstehe mich als Botschafterin des Gerad- und des Zickzackstichs. Denn wenn du mich fragst, braucht es wirklich nicht mehr als eine vernünftige Nähmaschine, die diese beiden Stiche beherrscht, um Kleidung zu nähen, die jeder gekauften Textilie die Show stiehlt. Ich verfolge also sowohl bei der Wahl der Maschinen, der benötigten Werkzeuge und des Zubehörs ganz klar die Devise „Weniger ist mehr“.

FIXIEREN

Stoffteile fixierst du vor oder während des Nähens am besten mit Stecknadeln oder Stoffclips. Für das Fixieren von Außenkanten nutze ich überwiegend Stoffclips. Sobald jedoch Dinge auf Stoff festgesteckt werden müssen und gerade beim Wattieren, greife ich auf Stecknadeln zurück. Wann immer du Gummiband in Bundtunnel oder Säume ziehen musst, wird dir eine Sicherheitsnadel eine gute Begleiterin sein.

MESSEN

Ein Maßband habe ich immer dabei. Es ist das Tool, das es mir erlaubt, beim Sourcing festzustellen, ob Rohware die richtigen Maße aufweist und wie schöne Teile in Shops mit Kaufkleidung aufgebaut sind. Auch auf meinem Nähtisch ist immer ein Maßband griffbereit. Hiermit misst du lange Strecken und nimmst Maß am Körper.

Für das Messen von Naht- und Saumzugaben eignet sich ein Handmaß. Wenn du selbst wattieren möchtest und dafür Steppmuster in deinen Stoff einzeichnest, kannst du entweder die harten Kanten von Karton oder ein Patchworklineal verwenden.

MARKIEREN

Ich nutze am liebsten Trickmarker und einen Kreidestift.

NÄHEN

Du benötigst Nähmaschinennadeln, die in Stärke und Art zu deinem Material passen. Ganz im Sinne der „Weniger-ist-mehr“-Philosophie nutze ich für nahezu alle Projekte eine Universalnadel in der Stärke 80. Erzähl es nicht weiter, aber mach es gerne nach.

WENIGER IST MEHR

SCHNEIDEN

Ohne eine gute Stoffschere macht das Nähen nur halb so viel Spaß. Achte darauf, sie wirklich nur für Stoff zu verwenden und nutze sie am besten nur selbst. Damit du deine Schnittmuster ausschneiden kannst, brauchst du also zusätzlich eine Papierschere.

In den letzten Jahren sind Rollschneider für das Zuschneiden von Stoff sehr beliebt geworden. Um damit zu schneiden, benötigst du eine passende Schneidematte.

Für Fäden und diffizile Schneidearbeiten nutze ich eine kleine Handarbeitsschere. Mit ihr trenne ich auch Nähte auf. Andere benutzen dafür auch Nahtauftrenner und Fadenschere.

KURZWAREN

Für die **FASHION-FRUITS**-Projekte habe ich ganz bewusst darauf verzichtet, umfangreich auf Kurzwaren zurückzugreifen. Ich mag es auch hier eher minimalistisch. Außerdem ist es doch wunderbar, wenn du mit einem Projekt, auf das du spontan Lust hast, direkt loslegen kannst, ohne vorher noch groß einkaufen zu müssen.

Ich empfehle dir, für deine Nähprojekte hochwertiges Garn zu verwenden. Die meisten Garne sind aus synthetischen Fasern. Hier gibt es inzwischen auch recycelte Varianten. Wenn du dir die Möglichkeit offen halten möchtest, das Kleidungsstück später in der Gänze zu färben, bieten sich Baumwollgarne an, die beim Färben ebenfalls die neue Farbe annehmen.

Für die Weste **FRUIT SALAD** und die Jacke **FLOWER MARKET** verwende ich Plastikdruckknöpfe. Du kannst aber natürlich auch Knöpfe von gebrauchten Textilien verwenden, Knopflöcher anfertigen und sie von Hand annähen.

Für das Wattieren verwende ich ein Volumenvlies oder gebrauchtes Fleece.

Ich nutze übrigens regelmäßig Dinge, die ich bereits zu Hause habe. Wenn du zum Beispiel Kleidung ausmistest, die du nicht durch Upcycling wiederverwenden möchtest, schaue doch zunächst, ob es Elemente an ihnen gibt, die du noch gebrauchen kannst. Reißverschlüsse sind oft noch voll funktionsfähig und wenn du sie heraustrennst, kannst du sie zum Beispiel wie ich für die Brusttasche der Weste nutzen.

Ich wünschte, ich könnte dasselbe über Gummiband sagen. Hier habe ich allerdings die Erfahrung gemacht, dass eine Neuanschaffung mehr Sinn macht. Die elastischen Fäden verlieren im Laufe der Zeit und durch häufiges Waschen ihre Dehnbarkeit und werden nicht selten spröde. Trockner sind übrigens die natürlichen Feinde aller elastischen Fäden.

UND SONST SO …

liebe ich mein kleines Bügeleisen. Wenn du direkt auf dem Tisch oder Boden bügeln möchtest, kannst du zusätzlich eine Bügelmatte verwenden.

Wenn du Plastikdruckknöpfe, Nieten, Ösen oder anderes Zubehör verarbeiten willst, erweist sich eine Vario-Zange als sehr praktisch.

Für das Zuschneiden von Textilfolien oder Druckvorlagen kannst du neben deiner Schere gerade für komplexere Motive auch einen Schneideplotter verwenden. Grundsätzlich ist das kein Tool, das du für das Nähen zwingend brauchst, aber weil mit meinem Cricut so viel mehr möglich ist, mag ich das Teil schon gerne.

SKILLS

WICHTIGE NÄH-BASICS

Dieses Kapitel hätte ich ebenfalls gut unter dem Titel „Weniger ist mehr“ laufen lassen können. Ein Teil meiner Mission, viele Menschen für das Nähen zu begeistern und dadurch der Fast Fashion den Wind aus den Segeln zu nehmen, ist es, das Nähen so einfach zu gestalten, dass es für alle möglich ist. Deshalb nähe ich alles ausschließlich mit der Nähmaschine, obwohl bei mir viele andere Maschinen im Schrank stehen. Um Verwirrung bei der Wahl geeigneter Sticharten zu reduzieren, nutze ich lediglich die einzigen zwei Stiche, die du wirklich brauchst.

GERADSTICH

Der Geradstich ist der Stich, den du am häufigsten verwenden wirst. Er ist in der Regel unelastisch, weil er auf einer gegebenen Strecke ungefähr genau diese Länge Garn verwendet.

Er ist die richtige Wahl, wenn du zwei unelastische Stoffe miteinander vernähst und wenn du Nähte auf der rechten Seite absteppen möchtest. Du kannst ihn außerdem nutzen, wenn du elastische Stoffe nähst, sofern du diese beim Nähen dehnst und die Naht bei der Nutzung nicht über ihre eigene Länge hinaus gedehnt werden muss.

Stell dir dafür am besten immer das fertige Kleidungsstück vor. Wenn du ein Shirt aus elastischem Material über den Kopf ziehst, dehnt sich der Stoff am Halsloch dafür aus. Die Naht muss dazu ebenfalls in der Lage sein. Ein Geradstich ist hier also nicht die richtige Wahl. Die Seitennaht eines Oversized-Shirts wird aber beim Tragen sowie beim An- und Ausziehen nicht gedehnt. Hier funktioniert der Geradstich also.

Manchmal dient der Geradstich auch lediglich als Hilfsstich. Bei der Verarbeitung der Hals- und Armlöcher einiger **FASHION-FRUITS**-Projekte nutze ich ihn zum Annähen des Halsstreifens unter Dehnung. In einem zweiten Schritt wird der Einfassstreifen aber immer mit dem elastischen Zickzackstich weiterverarbeitet. Beim Einkräuseln der Volants des Tops **BUTTERFLY** nutze ich den Geradstich ebenfalls als Hilfsnaht.

ZICKZACKSTICH

Weil du, wie gesagt, insgesamt nur zwei Sticharten benötigst, nähst du alle Nähte, für die sich der Geradstich nicht eignet, mit dem Zickzackstich. Er ist elastisch, weil er durch seine Beschaffenheit auf einer gegebenen Strecke mehr Garn verwendet.

Wann immer eine Naht also in der Lage sein muss, sich zu dehnen, nutze den Zickzackstich.

Du kannst ihn außerdem zum Versäubern von Webware verwenden, deren Kanten sonst ausfransen würden. Er eignet sich darüber hinaus als Ziernaht. Ich gebe zu, er hat in diesem Zusammenhang einen Oldschool-Look, aber ich halte an ihm fest und zelebriere ihn für seine Fähigkeiten.

VERSÄUBERN

Anders als bei Webware kannst du bei Strickware häufig auf das Versäubern der Kanten verzichten. Wenn du aber eh gerade dabei bist, schadet eine versäuberte Kante nie. Sie macht Kleidungsstücke langlebiger. Du kannst alle zugeschnittenen Teile entweder vor dem Nähen versäubern, oder du versäuberst fertige Nähte gemeinsam. Mit Zickzackstich versäuberte Kanten an Vorder- und Rückteil sorgen für ein schöneres Ergebnis.

RIEGEL

Um deine Nähte zu sichern, solltest du zu Beginn und am Ende jeder Naht wenige Stiche vor- und zurücknähen. So verhinderst du, dass Nähte sich ungewollt öffnen. Wenn in den Anleitungen nicht explizit auf etwas anderes hingewiesen wird, solltest du die Naht grundsätzlich verriegeln.

Ich nutze bei der Verarbeitung von Halsausschnitten und Säumen häufig eine industrielle Verarbeitungsweise, weil sie gerade für Nähanfänger*innen einfacher ist und sich beim Wiederverwenden von Säumen der Rohware anbietet. Dabei werden Nahtzugaben am Halsloch und an den Säumen auseinandergebügelt und mit einigen Stichen durch einen Riegel fixiert. Wie das genau funktioniert, siehst du in den jeweiligen Anleitungen.

SCHNITTMUSTER

Die **FASHION-FRUITS**-Schnittmuster findest du auf den beiliegenden Schnittmusterbogen. Damit du sie immer wieder verwenden kannst, solltest du dir jeweils die Größe, die du gerade nähen möchtest, abpausen. Dafür kannst du Schnittmusterfolie, Malerfolie aus dem Baumarkt oder dünnes Schnittmusterpapier verwenden.

Orientiere dich bei der Wahl der Größe an der Körperhöhe des zu benähenden Kindes. Die Größen stehen nämlich für genau diese. Sollte das Kind zwischen zwei Größen liegen, empfehle ich, eher die kleinere Größe zu wählen, da die Passformen tendenziell oversized sind.

Übertrage alle Markierungen und Passzeichen beim Abpausen und später beim Zuschneiden.

Der Fadenlauf auf dem Schnittmuster zeigt an, wie das Schnittteil auf den Stoff gelegt wird. Der Fadenlauf verläuft parallel zur Webkante bzw. zur Strickrippe.

Wenn Schnittteile an einer Kante die Aufschrift „Bruch" enthalten, bedeutet dies, dass sie nur zur Hälfte abgebildet und symmetrisch sind. Falte den Stoff parallel zur Webkante oder Strickrippe und lege das Schnittteil mit der entsprechenden Kante direkt an den Stoffbruch.

Schnittteile, die gegengleich zugeschnitten werden müssen, ergeben gespiegelte Versionen desselben Teils. Der Stoff liegt dazu doppelt (im Bruch), oder du schneidest die beiden Teile einzeln zu und legst das Schnittteil einmal gespiegelt auf. Dies ist zum Beispiel bei Hosenbeinen der Fall, damit sowohl das linke als auch das rechte Bein ein passendes Kleid bekommt.

ACHTUNG

Die Schnittmuster im Buch enthalten alle KEINE Naht- und Saumzugaben. Du musst sie eigenständig beim Zuschneiden deiner Schnittteile hinzufügen.

NAHT- UND SAUMZUGABEN

Der Abstand zwischen Naht und Schnittkante wird Naht- bzw. Saumzugabe genannt. Die Nähfußbreite meiner Nähmaschine beträgt 1 cm. Ich füge daher allen Kanten 1 cm Nahtzugabe hinzu. Viele Maschinen haben eine Nähfußbreite von 0,7 bis 0,75 cm. Hier bietet es sich an, die Nahtzugabe entsprechend des jeweiligen Maßes hinzuzufügen. Du kannst deine Nähfußbreite ermitteln, indem du den Abstand zwischen Nadel und der rechten Außenkante deines Nähfußes misst.

An Säumen, also den Abschlüssen von Ärmeln, Beinen und Rumpfteilen, verwende ich immer dann eine Saumverarbeitung, wenn die Rohware keine wiederverwendbaren Säume besitzt oder ein Bündchen zum Einsatz kommt. Für alle **FASHION-FRUITS**-Projekte empfehle ich eine Saumzugabe von 2 cm, die du beim Zuschneiden noch hinzufügen musst. Wenn in den Anleitungen nichts anderes angegeben ist, füge deine Naht- und Saumzugaben wie oben erklärt hinzu.

TIPP

Bei der Versäuberung von Hals- und Armlöchern mit einem Einfassstreifen musst du an diesen Stellen auf die Nahtzugabe verzichten. In allen Anleitungen, in denen ich diese Technik verwende, findest du dazu einen Hinweis. Wenn du Säume gebrauchter Textilien wiederverwendest, verzichte ebenfalls auf das Hinzufügen einer Saumzugabe.

EINFASSEN

Es gibt viele Möglichkeiten, Halslöcher zu verarbeiten und andere Kanten abzuschließen. Ich nutze bei der **FASHION-FRUIT**-Kollektion als sich wiederholendes optisches Element häufig die Methode des Einfassens. Es bietet den Vorteil, dass du farblich genau passende Kantenabschlüsse herstellen kannst, auch wenn dir kein

farblich passendes Bündchen zur Verfügung steht. Dabei wird ein Einfassstreifen verwendet, um die Kante eines Teils zu versäubern. Du findest dazu bei den entsprechenden Projekten jeweils eine Anleitung.

Hier gilt es aber, auf einiges zu achten:

- Füge auch den Schnittteilen für die Einfassstreifen Nahtzugaben hinzu.
- An allen Kanten, die eingefasst werden, musst du auf die Nahtzugabe verzichten.
- Der Einfassstreifen muss für alle Projekte im Buch aus elastischem Material sein, wenn du damit ein Halsloch verarbeitest.
- Wenn du für die Armlöcher Einfasstreifen aus unelastischem Material verwenden möchtest, schneide sie im schrägen Fadenlauf zu.

LINKE UND RECHTE SEITE

Die linke Seite eines Stoffs ist die oft weniger glatte Innenseite und hat manchmal eine dezentere Farbe. Nähte werden auf dieser Seite „versteckt". Die rechte Seite ist die äußere, glattere und manchmal mit auffälligerem Muster oder intensiverer Farbe. Hier werden sichtbare Nähte und Dekorationen angebracht.

SÄUMEN

Ich nutze beim Upcycling häufig vorhandene Säume für die neuen Kleidungsstücke, indem ich die jeweiligen Teile beim Zuschneiden an die Säume der Rohware schiebe. Wenn das nicht möglich ist, kannst du Säume auf eine einfache Art verarbeiten. Schlage dafür die Saumzugabe nach innen, bügle die fertige Kante und nähe den Saum mit einem Geradstich mit etwa 1,7 cm Abstand zur fertigen Kante fest. Wenn dein Saum wie bei einer Leggins oder am Ärmel dehnbar sein soll, nutze den Zickzackstich.

PROJeKTe

PEPINO

SHIRT MIT ANGESCHNITTENEM ARM

DU BRAUCHST …

ein altes Shirt, das groß genug ist, um deine Wunschgröße nähen zu können. Dabei kannst du entweder das Bündchen des Shirts nutzen oder das eines weiteren Shirts, um einen coolen Kontrast oder einen Bezug zu deiner Kollektion herzustellen.

Wenn du Meterware verwenden möchtest:
PEPINO lässt sich aus jeglicher Strickware wie z. B. Jersey oder French Terry nähen.

- Größe 80 bis 116 – 65 cm
- Größe 122 bis 140 – 80 cm
- Bündchen für alle Größen – 20 cm

ZUSCHNITT

Füge an allen Kanten 1 cm Nahtzugabe und unten am Saum 2 cm Saumzugabe hinzu. Wenn du einen bestehenden Saum verarbeitest, kannst du auf die Saumzugabe verzichten.

Du findest alle Schnittteile auf SB 1.

- 1 x Vorderteil im Bruch
- 1 x Rückteil im Bruch
- 1 x Halsbündchen im Bruch

TIPP

Nutze den Saum eines gebrauchten Shirts. Lege dafür die Schnittteile für Vorderteil und Rückteil bis an die untere Kante des Shirts. Gib hier keine weitere Saumzugabe hinzu.

TIPP

Strickware musst du nicht unbedingt versäubern, weil sie anders als Webware in der Regel nicht ausfranst. Für ein optisch schöneres Ergebnis, kannst du aber im Vorfeld alle Kanten von Vorder- und Rückteil mit einem Zickzackstich versäubern oder die Nahtzugaben jeder Naht nach dem Nähen gemeinsam mit einem Zickzackstich versäubern.

PEPINO *ist ein super schnell genähtes Shirt. Es besteht lediglich aus einem Vorder- , einem Rückteil und einem Halsbündchen. PEPINO lässt sich wunderbar aus gebrauchten Shirts oder Sweatshirts – also Strickware wie Jersey oder French Terry – nähen und du kannst dabei bestehende Säume einfach wiederverwenden.*

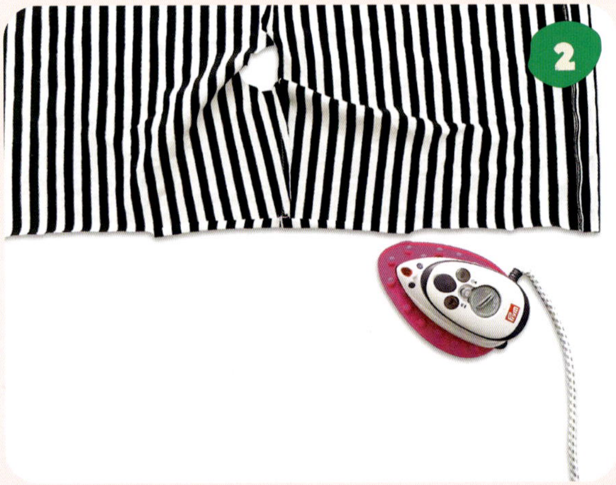

1. Lege Vorder- und Rückteil rechts auf rechts aufeinander und schließe die beiden Schulternähte. Wenn du möchtest, kannst du im Anschluss die Nahtzugaben Richtung Rückteil bügeln und von rechts absteppen, um sie zu fixieren.

2. Bügle die Nahtzugaben der Armlöcher 1 cm nach innen um und nähe sie mit einem Zickzack- oder Geradstich knappkantig fest.

3. Platziere Vorder- und Rückteil wieder mit den rechten Seiten aufeinander. Schließe beide Seitennähte vom Ärmel bis zum Saum.

4. Bügle die Nahtzugabe der Seitennaht auseinander und steppe sie im Bereich des Saums mit einigen Stichen fest.

TiPP

Wenn du ein gebrauchtes Bündchen nutzt, kannst du es auch mit der linken Seite nach außen verwenden, damit die weniger abgenutzte Seite an deinem neuen Shirt außen liegt.

5. Falte das Bündchen rechts auf rechts und schließe die kurze, offene Kante mit einem Geradstich.

6. Falte das geschlossene Bündchen links auf links und stecke es rechts auf rechts auf dein Halsloch. Dabei zeigt der Umbruch des Bündchens Richtung Saum und die offene Kante Richtung Halsausschnitt. Die Naht des Bündchens liegt in der hinteren Mitte. Nähe das Bündchen unter gleichmäßiger Dehnung mit einem Zickzackstich an das Shirt.

7. Steppe den hinteren Halsausschnitt mit etwa 0,5 cm Abstand zum Bündchen mit einem Geradstich ab.

8. Hello, sweet PEPINO. Das ging doch wirklich schnell, oder? Das Früchtchen macht sofort Lust, das nächste Shirt zu upcyceln und einen ganzen PEPINO-Salat zu nähen!

FLOWER POWER

LÄSSIGE HOSE

DU BRAUCHST ...

gebrauchte Bettwäsche oder auch jedes andere gebrauchte Kleidungsstück, das dir in die Finger kommt.

Wenn du Meterware verwenden möchtest:
FLOWER POWER lässt sich sowohl aus Web- als auch aus Strickware nähen. Du kannst also Popeline, Twill, Denim, Jersey, French Terry und viele andere Materialien für die Hose verwenden.

- Größe 80 bis 116 – 100 cm
- Größe 122 bis 140 – 110 cm
- 2,5 cm breites Gummiband für den Bund – 1 m
- 1 cm breites Gummiband für den Beinsaum – 80 cm

ZUSCHNITT

Füge an allen Kanten 1 cm Nahtzugabe und 2 cm Saumzugabe an den Beinen hinzu.

Du findest alle Schnittteile auf SB 4 und 5.

- 2 x vordere Hose gegengleich
- 2 x hintere Hose gegengleich
- 1 x vorderer Bund im Bruch
- 1 x hinterer Bund im Bruch

TIPP

Selbst wenn du im Alltag nicht bügelst, im Zusammenhang mit dem Nähen macht es wirklich Sinn. Es ist etwas dran an dem alten Spruch „Gut gebügelt ist halb genäht“.

TIPP

Versäubere die Kanten aller Schnittteile im Vorfeld, um die Webware vor dem Ausfransen zu schützen. Alternativ kannst du die Nähte nach jedem Schritt gemeinsam versäubern. Verwende dafür einen Zickzackstich oder eine Overlockmaschine.

FLOWER POWER *ist eine extrem lässige Hose. Du kannst sie aus Web- oder Strickware nähen und wenn du mutig bist, kombinierst du einfach beides. Der geraffte Beinsaum und der easy Gummibund lassen die coole oversized Hose besonders sportlich aussehen. Wenn du gebrauchte Funktionskleidung als Rohware verwenden möchtest, wird FLOWER POWER auch problemlos zu einer richtigen Outdoorhose.*

FLOWER POWER

1. Lege ein Rückteil der Hose mit der rechten Stoffseite nach oben vor dich. Platziere rechts auf rechts darauf die passende Vorderhose. Schließe die äußere Seitennaht mit einem Geradstich. Wiederhole den Schritt für das andere Hosenbein.

2. Wenn du die Kanten bereits im Vorfeld versäubert hast, bügle die Nahtzugabe jetzt auseinander. Andernfalls kannst du die Nahtzugabe als Ganzes versäubern.

3. Lege die inneren Kanten des ersten Hosenbeins passgenau rechts auf rechts aufeinander und schließe die innere Beinnaht mit einem Geradstich. Wiederhole den Schritt am anderen Bein und wende ein Hosenbein auf rechts.

4. Schiebe das auf rechts gewendete Hosenbein in das andere Hosenbein, sodass die rechten Stoffseiten wieder aufeinanderliegen.

5. Schließe die vordere und hintere Schrittnaht in einem Zug. Verwende dafür einen Geradstich.

6. Lege den hinteren Bund mit der rechten Seite nach oben vor dich und platziere den vorderen Bund rechts auf rechts darauf. Schließe nun den Bund an der ersten kurzen Seite, die bündig liegt.

7. Schiebe die Bundteile nun so aufeinander, dass du die zweite Seite mit einem Geradstich schließen kannst.

8. Falte den Bund der Höhe nach links auf links. Die offenen Kanten zeigen jetzt nach oben. Schiebe den Bund auf die Hose. Achte darauf, dass die Seitennähte des Bunds passgenau auf den Seitennähten der Hose liegen. Nähe den Bund mit einem Geradstich fest. Lasse dabei eine Öffnung von etwa 4 cm in der hinteren Mitte. Hier wird das Gummiband eingezogen.

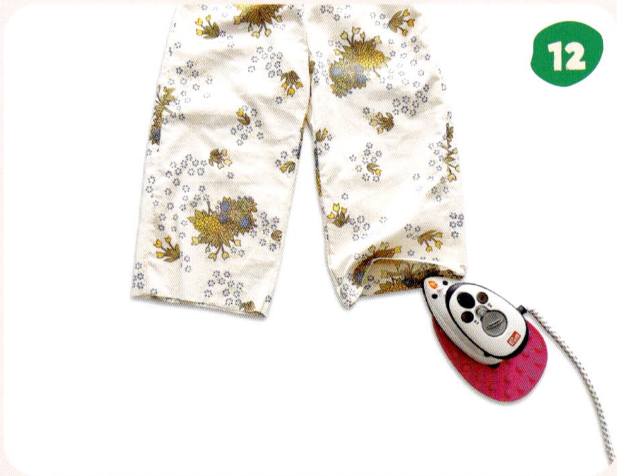

TIPP

Um die perfekte Länge des Gummibands zu ermitteln, legst du das Band am besten um den Bauch des Kindes. Je nach Vorliebe des Kindes kannst du das Band strammer oder weniger stramm ziehen, eine Nahtzugabe von etwa 2 cm hinzufügen und so die perfekte Länge festlegen.

9. Schiebe das Gummiband in den Bund. Dafür kannst du eine Sicherheitsnadel am Anfang des Gummis befestigen, um das Band durch den ganzen Bund ziehen zu können.

10. Lege die beiden Enden des Gummibands aufeinander, sodass sie etwa 2 cm überlappen und schließe sie mit einem Zickzackstich. Achte darauf, dass das Band im Bund glatt liegt und nicht verdreht ist.

11. Schließe nun die Öffnung des Bunds in der hinteren Mitte. Wenn du magst, kannst du das Gummiband noch fixieren, indem du es an den Seitennähten des Bunds mit einigen Stichen festnähst. So dreht sich das Band auch nach dem Waschen nicht.

12. Bügle die Beinsäume jeweils 2 cm nach innen und nähe sie rundherum knappkantig mit einem Geradstich fest. Lasse dabei an der Beininnennaht jeweils eine Öffnung von etwa 2,5 cm.

LÄSSIGE HOSE

13. Ziehe an beiden Beinsäumen das Gummiband ein. Gehe dabei so vor, wie du es bereits am Bund getan hast.

14. Bei schmalen Gummibändern kannst du darauf verzichten, sie zusammenzunähen. Knote sie einfach am Ende zusammen, schneide die Überstände ab und ziehe das Band vollständig in den Saumtunnel.

15. Schließe die Öffnung am Beinsaum an beiden Beinen.

16. Ready für eine FLOWER-POWER-Party!

TIPP

Wenn du die Hose mit Taschen nähen möchtest, kannst du die Schnittteile für Flügeltaschen der Shorts PICNIC (Seite 110) oder der Nahttaschen der Hose APPLE CRUMBLE (Seite 104) nutzen.

PRINT SISTER

DEINE STOFFE MIT SIEBDRUCK INDIVIDUALISIEREN

Neben einzelnen Motiven kannst du per Siebdruck auch ganze Musterstoffe selbst gestalten, deswegen lege ich meinen Fokus auch beim Sourcing der Rohware immer auf einfarbige, gebrauchte Textilien.

Es gab Zeiten, da war diese Drucktechnik ausschließlich unter Verwendung von speziellen Belichtungschemikalien und nur im professionellen Rahmen denkbar. Zum Glück ist das heute anders und es gibt Methoden, um die Schablonen für den Siebdruck zu Hause einfach selbst herzustellen. Siebe und wasserbasierte Farben für den Heimgebrauch gibt es mittlerweile auch, und so kannst du in kürzester Zeit die coolsten Designs entwerfen, auf Schablonen umsetzen und auf deine Stoffe drucken.

Ich würde sogar behaupten, dass es kinderleicht ist, und deswegen macht es auch tatsächlich viel Spaß, mit Kindern zu siebdrucken.

DU BRAUCHST

- einen Siebdruckrahmen mit einem Sieb, das für Textildruck geeignet ist
- eine Rakel
- Siebdruckfarbe für Textilien
- Schablonenpapier oder Folie für Siebdruck
- geeignetes Tape, um die Schablone am Rahmen des Siebs festzukleben
- Schere, für das Vorbereiten des Motivs und ggf. der Schablone
- Cutter zum Ausschneiden des Motivs
- Schneideunterlage, wenn du mit dem Cutter schneiden möchtest
- für komplexe Motive nutze ich meine Schneidemaschine von Cricut
- einen Löffel oder Holzspatel, um die Farbe auf das Sieb aufzutragen
- Bleistift zum Zeichnen des Motivs
- eine dünne Druckunterlage (z. B. Fleece)
- einen Druckträger – also das Material, das du bedrucken möchtest

Der Siebdruck mit Schablonen ist eine Abwandlung des herkömmlichen Siebdruckverfahrens, bei dem anstelle eines belichteten Siebs eine Schablone genutzt wird, um das Druckmuster zu gestalten. Deine Schablone kannst du aus einem wasserundurchlässigen Material wie Folie, Steinpapier, Schablonenfilm oder Vinylfolie anfertigen.

Ich zeige dir, wie du ein einfaches Muster per Hand vorbereitest. Wenn Siebdruck für dich neu ist, empfehle ich, mit einfachen, einfarbigen Mustern zu beginnen und die Komplexität der Muster mit der Zeit zu steigern.

Meine Liebe für einfarbige Stoffe, die ich selbst noch gestalten kann, habe ich schon mit dir geteilt. Damit du in Zukunft ebenfalls nahezu alle Motiv- und Musterideen selbst auf Stoff bringen kannst, zeige ich dir, wie einfach Siebdruck sein kann.

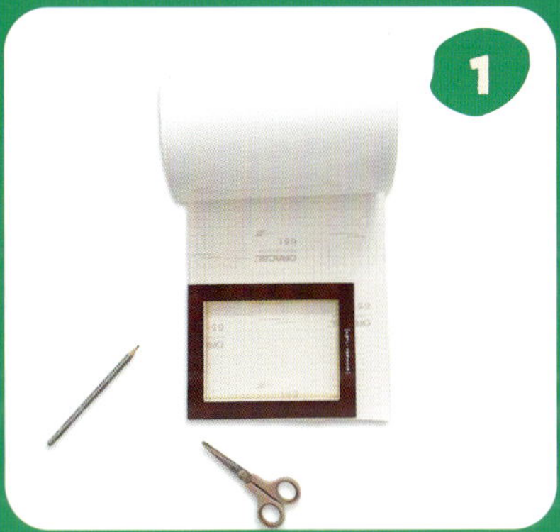

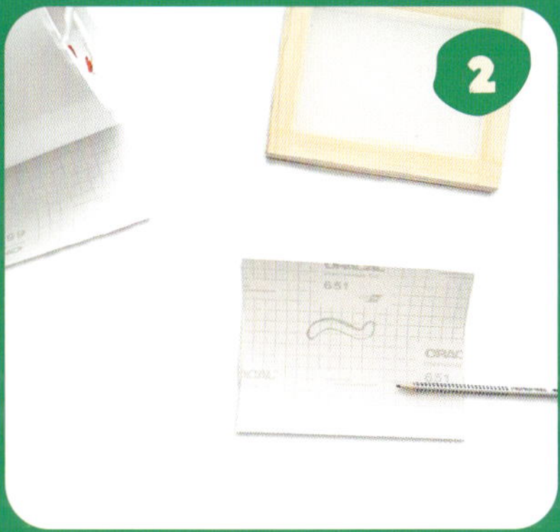

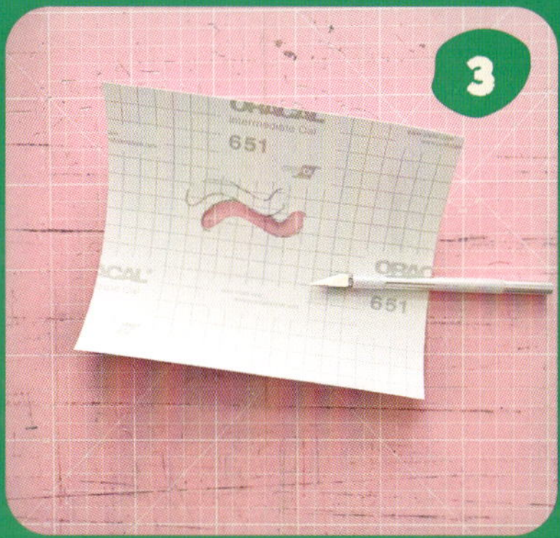

1. Schneide das Schablonenmaterial passend für dein Sieb zu.
2. Zeichne dein Muster mit einem Bleistift auf dein Schablonenmaterial.
3. Schneide dein Motiv aus dem Schablonenmaterial mit dem Cutter oder einer Schere aus.

TIPP

Je nach Schablonenmaterial musst du dein Motiv unter Umständen spiegeln, wenn du zum Beispiel Buchstaben drucken möchtest.

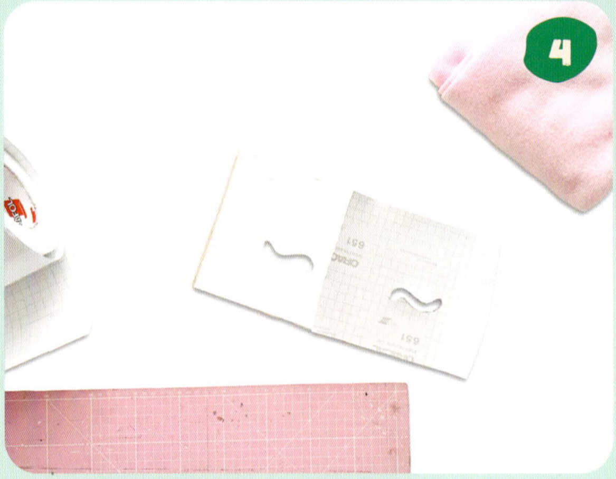

4. Klebe deine Schablone jetzt auf die Rückseite des Siebs – also die Seite, die später auf dem Stoff liegen wird. Wenn du Schablonenmaterial verwendest, das nicht selbstklebend ist, verwende geeignetes Tape, um deine Schablone am Sieb zu befestigen.

5. Lege deine Druckträger auf die Druckunterlage. Um Zeit zu sparen und dein Motiv optimal auf dem entstehenden Kleidungsstück zu platzieren, kannst du zunächst die Schnittteile zuschneiden und sie dann vor dem Nähen bedrucken.

6. Trage mit dem Löffel Farbe oberhalb des Motivs auf dein Sieb auf. Nimm lieber etwas mehr Farbe als zu wenig. Überschüssige Farbe kannst du später wieder zurück in den Farbbehälter geben.

7. Ziehe die Farbe mit der Rakel über das Motiv, um das Sieb zu fluten, damit der Farbauftrag auf deinem Stoff gleichmäßig wird. Dabei liegt das Sieb noch nicht auf dem Druckträger.

TIPP

Damit du die Farbe bereits gedruckter Elemente nicht verschmierst, kannst du sie kurz mit einem Haartrockner antrocknen.

TIPP

Solltest du dich ein bisschen BANANAS fühlen, ist die coole Banane von Seite 52 vielleicht genau das Richtige für dich. Du findest eine Druckvorlage auf den Schnittbogen. Mit meinem Online-Workshop PRINT SISTER! kannst du noch tiefer in die Welt des Siebdrucks eintauchen. In den Videos zeige ich dir detailliert, wie du dieses Druckverfahren nutzen kannst, um einzigartige Stoffe und Kleidungsstücke zu erschaffen.

8. Platziere das Sieb auf dem Druckträger. Trage Farbe auf das Sieb auf, ziehe sie mit der Rakel über das Motiv und übe leichten Druck aus. Halte die Rakel weder zu steil noch zu flach und ziehe sie jeweils nur in eine Richtung. Am besten übst du zunächst auf einem Stoffrest. In der Regel reicht es, ein- bis zweimal über das Motiv zu rakeln. Hebe das Sieb dann vorsichtig ab und platziere es an der nächsten Stelle.

9. Achte zwischen dem Drucken der einzelnen Motive darauf, dass nicht zu viel Zeit vergeht, damit die Farbe nicht eintrocknet. Du kannst das Sieb zwischendurch mit Wasser ausspülen, trocknen lassen und erneut verwenden. Material wie Steinpapier und Folie (außer Vinylfolie) lassen sich immer wieder verwenden.

10. Wenn du in deiner Kollektion mehrere Teile mit demselben Muster bedrucken möchtest, kannst du das in einer Drucksession machen.

APPLE JUICE

OVERSIZED SHIRT

DU BRAUCHST ...

ein altes Shirt, das groß genug ist, um deine Wunschgröße nähen zu können. Dabei kannst du für das Einfassen des Halslochs entweder das Bündchen des Shirts nutzen oder einen Halsstreifen zuschneiden. Wenn du den Halsstreifen aus Jersey nähst, solltest du ihn im schrägen Fadenlauf zuschneiden, damit er gut dehnbar ist.

Wenn du Meterware verwenden möchtest:
APPLE JUICE lässt sich aus jeglicher Strickware wie z. B. Jersey oder French Terry nähen.

- Größe 80 bis 116 – 70 cm
- Größe 122 bis 140 – 85 cm
- Bündchen für alle Größen – 20 cm

ZUSCHNITT

Füge an allen Kanten 1 cm Nahtzugabe hinzu. Verzichte nur an den Halsausschnitten auf die Nahtzugabe, da das Halsloch mit einem Streifen versäubert wird. Füge außerdem 2 cm Saumzugabe an Vorder- und Rückteil hinzu. Wenn du einen bestehenden Saum verarbeitest, kannst du auf die Saumzugaben verzichten.

Du findest alle Schnittteile auf SB 2.

- 1 x Vorderteil im Bruch
- 1 x Rückteil im Bruch
- 2 x Ärmel gegengleich
- 1 x Halsstreifen im Bruch

TIPP

Wenn du einfarbigen Stoff verwendest oder Flecken überdecken möchtest, kannst du mit Siebdruck coole Muster auf deinen Stoff drucken. Auf Seite 42 findest du dafür eine Anleitung.

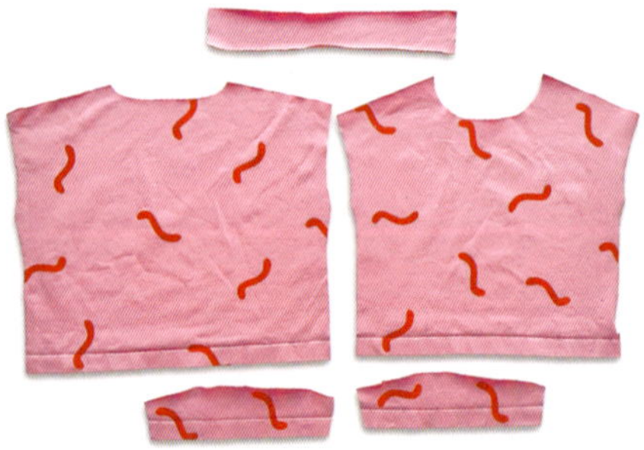

apple juice *ist ein lässiges oversized Shirt mit überschnittener Schulter und kleinem Schlitz am Saum. Es lässt sich wunderbar aus gebrauchten Shirts oder Sweatshirts – also Strickware wie Jersey oder French Terry – nähen und du kannst dabei bestehende Säume einfach wiederverwenden.*

1. Lege Vorder- und Rückteil rechts auf rechts aufeinander. Schließe eine (!) Schulternaht mit einem Geradstich.
2. Stecke den Halsstreifen gleichmäßig rechts auf rechts an das Halsloch und nähe ihn unter Dehnung mit einem Geradstich fest.
3. Schlage den Halsstreifen um die entstandene Nahtzugabe herum nach innen. Nähe ihn jetzt mit einem Zickzackstich unter Dehnung fest. Dabei sticht die Nähmaschinennadel im Wechsel in das Rumpfteil und den Halsstreifen und fasst dabei die offene Kante des Halsstreifens auf der Innenseite des Shirts mit ein.
4. Schneide im Anschluss gegebenenfalls Überstände des Halsstreifens bis zur Zickzacknaht zurück.

TIPP
Wenn du keinen bestehenden Saum verwendest, kannst du vor dem Annähen der Ärmel die Säume verarbeiten.

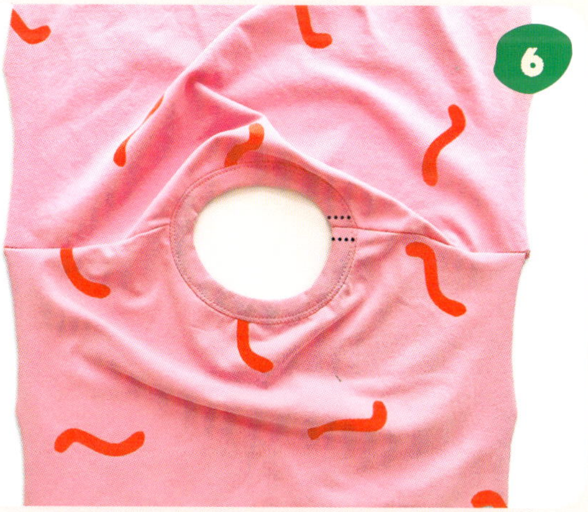

5. Platziere Vorder- und Rückteil wieder so vor dir, dass sie rechts auf rechts liegen und die linke Stoffseite dich anschaut. Schließe die Schulternaht mit einem Geradstich.

6. Bügle die Nahtzugabe an der Schulternaht auseinander und steppe sie im Bereich des Halsstreifens mit einigen Stichen fest.

7. Stecke einen Ärmel rechts auf rechts in das erste Armloch, sodass alle Markierungen passgenau aufeinanderliegen. Nähe den Ärmel mit einem Gerad- oder Zickzackstich an und wiederhole den Schritt beim zweiten Ärmel.

8. Lege das Shirt rechts auf rechts. Schließe die Ärmel- und Seitennaht in einem Schritt. Nähe bis zur Schlitzmarkierung, verriegele die Naht an dieser Stelle und nähe mit einer großen Stichlänge bis zum Saum weiter. Verriegele die Naht dort nicht. Wiederhole den Schritt auf der anderen Seite.

9. Bügle die Nahtzugabe auseinander und steppe die Nahtzugabe bis zur Schlitzmarkierung mit einem Geradstich wie abgebildet auf das Shirt. Wiederhole den Schritt auf der anderen Seite des Shirts.

10. Öffne im Anschluss die Seitennaht vom Saum bis zur Schlitzmarkierung wieder. Wiederhole den Schritt auf der anderen Seite.

11. An APPLE JUICE ... yay ... keeps Fast Fashion away!

BANANAS
EASY TOP

DU BRAUCHST …

ein gebrauchtes T-Shirt aus Jersey. Dabei ist es egal, ob das T-Shirt einen Elasthananteil hat oder zu 100 % aus Baumwolle besteht.

TIPP

Wenn du einfarbigen Stoff verwendest oder Flecken überdecken möchtest, kannst du mit Siebdruck coole Muster auf deinen Stoff drucken. Auf Seite 42 findest du dafür eine Anleitung.

Wenn du Meterware verwenden möchtest:
Für BANANAS verwendest du am besten Jersey oder Interlock.

- Größe 80 bis 116 – 60 cm
- Größe 122 bis 140 – 80 cm

ZUSCHNITT

Füge an allen Kanten des Vorder- und Rückteils 1 cm Nahtzugabe hinzu. Verzichte auf die Nahtzugabe am Halsausschnitt und den Armlöchern, weil sie jeweils eingefasst werden. Füge außerdem 2 cm Saumzugabe hinzu. Wenn du einen bestehenden Saum verarbeitest, kannst du auf die Saumzugaben verzichten.

Du findest alle Schnittteile auf SB 1.

- 1 x Vorderteil im Bruch
- 1 x Rückteil im Bruch
- 1 x Halsstreifen im Bruch
- 2 x Ärmelstreifen

Zum Download der Vorlagen QR-Code scannen oder auf bit.ly/fashion-fruits gehen und dort „Downloads“ anklicken.

Das ärmellose Top **Bananas** *eignet sich als Unterhemd oder Shirt für den Sommer gleichermaßen. Es wird an Hals- und Armlöchern mit Streifen eingefasst.*

1. Lege Vorder- und Rückteil rechts auf rechts aufeinander und schließe eine (!) Schulternaht. Bügle die Schulternaht auseinander. Wenn du magst, kannst du sie von der rechten Seite absteppen, um die Nahtzugabe zu fixieren.

2. Stecke den Halsstreifen gleichmäßig rechts auf rechts an das Halsloch und nähe ihn unter Dehnung mit einem Geradstich fest.

3. Schlage den Halsstreifen um die entstandene Nahtzugabe. Nähe ihn jetzt mit einem Zickzackstich unter Dehnung fest. Dabei sticht die Nähmaschinennadel im Wechsel in das Rumpfteil und den Halsstreifen und fasst dabei die offene Kante des Halsstreifens auf der Innenseite des Tops mit ein.

4. Schließe jetzt die zweite Schulternaht. Bügle die Schulternaht auseinander. Wenn du die Nahtzugabe an der anderen Schulter abgesteppt hast, wiederhole den Schritt auch hier.

5. Fixiere die Nahtzugabe an der gerade genähten Seite auch dann mit einigen Stichen im Bereich des Halslochs, wenn du sie nicht absteppen möchtest.

6. Stecke den Ärmelstreifen gleichmäßig rechts auf rechts an das erste Armloch und nähe ihn unter Dehnung mit einem Geradstich fest. Schlage den Streifen dann um die entstandene Nahtzugabe herum nach innen.

7. Nähe den Streifen jetzt mit einem Zickzackstich unter Dehnung fest. Dabei sticht die Nähmaschinennadel im Wechsel in das Rumpfteil und den Streifen. Wiederhole den Schritt am zweiten Armloch.

8. Lege Vorder- und Rückteil rechts auf rechts aufeinander. Schließe die Seitennähte. Wenn du keinen vorhandenen Saum nutzt, bügle die Saumzugabe nach oben und nähe den Saum fest. Verriegle im Anschluss die Nahtzugabe der Seitennaht mit einigen Stichen im Bereich der Armlöcher und am Saum. Fertig!

ORANJEANS

HOSE MIT WEITEM BEIN

TIPP
Wenn du eine größere Größe nähst, trenne die Nähte der gebrauchten Jeans auf, damit du mehr Material zur Verfügung hast.

DU BRAUCHST ...

eine alte Jeans oder eine andere gebrauchte Hose. Wenn du einen Mantel oder eine Jacke als Rohware verwenden möchtest, ist das genauso möglich. Für die Nahttaschenbeutel eignet sich ein leichterer Baumwollstoff.

TIPP

Wenn du die Taschen der Jeans einfach wiederverwenden möchtest, trenne sie vor dem Zuschnitt ab.

Wenn du Meterware verwenden möchtest:
ORANJEANS lässt sich sowohl aus Web- als auch aus Strickware nähen. Du kannst also Popeline, Twill, Denim, Jersey, French Terry und viele andere Materialien verwenden.

- Größe 80 bis 116 – 100 cm
- Größe 122 bis 140 – 125 cm
- 2,5 cm breites Gummiband für den Bund – 1 m

ZUSCHNITT

Füge an allen Kanten 1 cm Nahtzugabe und 2 cm Saumzugabe an den Beinen hinzu.

Du findest alle Schnittteile auf SB 3 und 6.

- 2 x vordere Hose gegengleich
- 2 x hintere Hose gegengleich
- 1 x vorderer Bund im Bruch
- 1 x hinterer Bund im Bruch
- 4 x Nahttasche (je 2 x gegengleich)

TIPP

Damit der Hosenbund im Fadenlauf zugeschnitten werden kann, musst du unter Umständen bestehende Nähte nutzen. Dein Hosenbund inkludiert dann z. B. die alte Beininnennaht. Deine ORANJEANS wird am Bund also vier anstelle von zwei Nähten haben. Beim Tragen stört das nicht, aber so kannst du dein Material effizient nutzen.

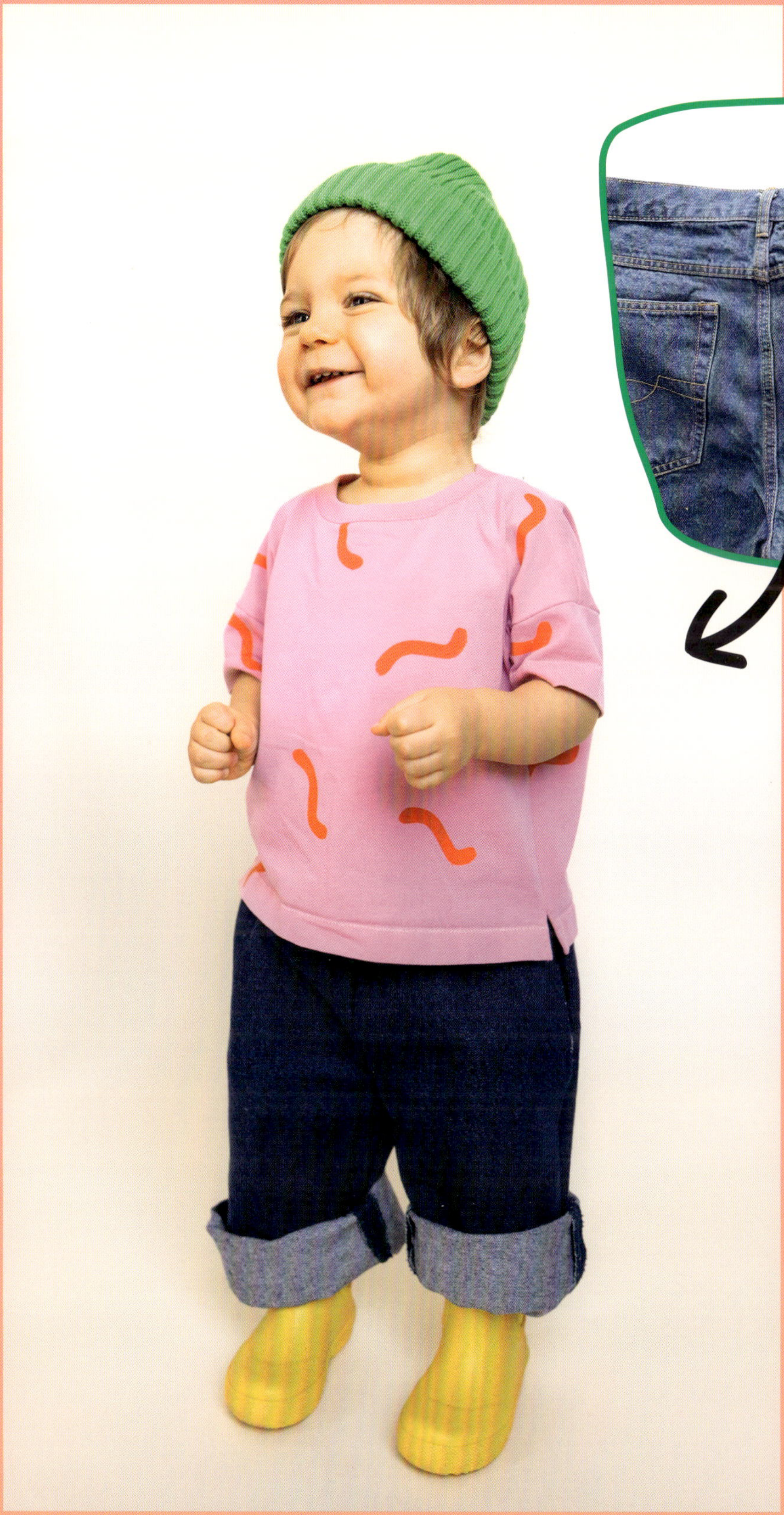

ORANJEANS *ist eine Hose mit weitem Bein und Nahttaschen. Der Gummibund ermöglicht ein einfaches An- und Ausziehen. Du entscheidest, wie lang das Bein ist und kreierst so die unterschiedlichsten Looks.*

1. Versäubere die Kanten aller Schnittteile vor oder nach dem Nähen der jeweiligen Naht. Wenn du die Gesäßtasche der gebrauchten Jeans verwendest, nähe sie nun auf das Rückteil der Hose.

2. Lege die Vorderhosen mit der rechten Stoffseite nach oben vor dich und platziere die Taschenbeutel anhand der Markierungen rechts auf rechts darauf. Nähe die Taschenbeutel mit einem Geradstich an die Vorderhosen. Wiederhole den Schritt an den Rückteilen.

3. Bügle die Taschen an den beiden Vorder- und den beiden Rückteilen der Hose nach außen. Steppe sie knappkantig entlang der Naht ab.

4. Lege die Vordeteile der Hose rechts auf rechts auf die Rückteile der Hose. Die Nahttaschen zeigen nach außen. Nähe zunächst die äußeren Beinnähte. Dabei nähst du auch entlang der äußeren Kante des Taschenbeutels und bis zum Saum. Verlängere die Naht im Bereich der Tasche einige Zentimeter über die untere Kante des Taschenbeutels hinaus.

5

7

6

8

TiPP

Ein Jeanssaum sieht auch aufgeschlagen sehr cool aus. Bedenke das bei der Entscheidung darüber, wie lang du deine Hose zuschneiden möchtest.

5. Schiebe die inneren Kanten des einen Hosenteils passgenau aufeinander und schließe die innere Beinnaht mit einem Geradstich. Wiederhole den Schritt am anderen Bein und wende die Hosenbeine auf rechts.

6. Schlage die Beinsäume zweimal 1 cm nach innen und nähe sie knappkantig mit einem Geradstich fest.

TiPP

Für einen richtigen Jeanslook kannst du dafür ein stärkeres Garn verwenden.

7. Wende ein Hosenbein auf links. Schiebe das auf rechts gewendete Hosenbein in das andere Hosenbein, sodass die rechten Stoffseiten wieder aufeinanderliegen.

8. Schließe die vordere und hintere Schrittnaht in einem Zug. Verwende dafür einen Geradstich.

9. Lege den hinteren Bund mit der rechten Seite nach oben vor dich und platziere den vorderen Bund rechts auf rechts darauf. Schließe nun den Bund auf der ersten kurzen Seite, die bündig liegt. Schiebe die Bundteile nun so aufeinander, dass du die zweite Seite mit einem Geradstich schließen kannst.

10. Falte den Bund im Anschluss der Höhe nach in der Hälfte links auf links.

11. Schiebe den Bund auf die Hose. Achte darauf, dass die Seitennähte des Bunds passgenau auf den Seitennähten der Hose liegen. Nähe den Bund mit einem Geradstich fest. Lasse dabei eine Öffnung von etwa 4 cm in der hinteren Mitte.

12. Schiebe das Gummiband in den Bund. Dafür kannst du eine Sicherheitsnadel am Anfang des Bands befestigen, um es durch den ganzen Bund ziehen zu können. Wie du die Länge des Gummibands bestimmst, erfährst du auf Seite 40.

13. Lege beide Gummienden aufeinander, sodass sie etwa 2 cm überlappen und schließe sie mit einem Zickzackstich. Achte darauf, dass das Gummiband im Bund glatt liegt und nicht verdreht ist.

14. Schließe nun die Öffnung des Bunds in der hinteren Mitte. Wenn du magst, kannst du das Gummi noch fixieren, indem du es an den Seitennähten des Bunds mit einigen Stichen festnähst. So dreht sich das Gummi auch nach dem Waschen nicht.

15. Yeah, mit deiner ORANJEANS hast du einer Jeans das Leben gerettet.

FLOWER MARKET

COOLE WENDEJACKE

DU BRAUCHST …

gebrauchte Bettwäsche und andere gebrauchte Stoffe. Wenn du Ärmel- und Rumpfteile aus verschiedenen Stoffen nähst, brauchst du auch jeweils gar nicht viel Stoff. Wenn du dein Material wattieren möchtest, benötigst du außerdem Volumenvlies oder anderes Fleece, das du dafür nutzen kannst. Für den Collegekragen und die Armbündchen kannst du die Bündchen eines alten Sweatshirts nutzen.

TIPP

Für das Wattieren kannst du Volumenvlies nutzen. Es gibt Volumenvlies in verschiedenen Stärken und sowohl aus synthetischen als auch natürlichen Fasern. Eine gebrauchte Fleecedecke eignet sich aber ebenso gut.

Wenn du Meterware verwenden möchtest:
Die Wendejacke lässt sich sowohl aus Web- als auch aus Strickware nähen. Du kannst also Fleece, Steppstoff, Popeline, Twill, Denim, Jersey, French Terry und viele andere Materialien für die Jacke verwenden. Wenn du deinen Stoff selbst wattieren möchtest, benötigst du zusätzlich Volumenvlies.

- Außen- und Innenstoff: Größe 80 bis 116 – je 110 cm
- Außen- und Innenstoff: Größe 122 bis 140 – je 130 cm
- Bündchen für alle Größen – 50 cm
- leichte Webware für Taschen – 30 cm
- Volumenvlies: Größe 80 bis 116 – 110 cm
- Volumenvlies: Größe 122 bis 140 – 130 cm
- 5–8 Knöpfe

ZUSCHNITT

Füge an allen Kanten 1 cm Nahtzugabe hinzu.

Du findest alle Schnittteile auf SB 3 und 6.

- 2 x Vorderteil gegengleich aus Außenstoff
- 2 x Vorderteil gegengleich aus Innenstoff
- 1 x Rückteil im Bruch aus Außenstoff
- 1 x Rückteil im Bruch aus Innenstoff
- 2 x Ärmel gegengleich aus Außenstoff
- 2 x Ärmel gegengleich aus Innenstoff
- 4 x Taschenbeutel aus leichtem Stoff (je 2 x gegengleich)
- 4 x Knopfleiste (davon je 2 x gegengleich plus ggf. 2 x aus Volumenvlies)
- 1 x Kragen im Bruch
- 2 x Armbündchen

TIPP

Versäubere die Kanten aller Schnittteile im Vorfeld. Alternativ versäubere die Nähte nach jedem Schritt gemeinsam. Verwende einen Zickzackstich oder eine Overlockmaschine.

FLOWER MARKET *ist eine Jacke mit Collegekragen, Raglanärmeln, Taschen und Gute-Laune-Garantie. Je nach verwendeten Materialien eignet sie sich für alle Jahreszeiten und hat großes Lieblingsjackenpotenzial, weil sie als Wendejacke eigentlich sogar zwei Jacken in einer ist.*

1. Beginne mit dem Wattieren aller Jackenteile, die später ein Steppstoff sein sollen. Lege dafür das jeweilige Schnittteil aus Volumenvlies vor dich und das passende Teil aus Stoff mit der rechten Seite nach oben drauf. Zeichne dein gewünschtes Steppmuster mit einem Trickmarker auf den Stoff.

2. Nähe alle eingezeichneten Linien mit einem großen Geradstich nach. Ich verwende dafür eine Stichlänge von 5 mm.

3. Verarbeite alle gewünschten Jackenteile auf diese Weise.

4. Lege die Vorderteile mit der rechten Stoffseite nach oben vor dich. Lege den passenden Ärmel mit der Markierung für die Vorderseite rechts auf rechts auf das Vorderteil. Schließe die Raglannaht mit einem Geradstich. Wiederhole den Schritt mit dem zweiten Ärmel. Achte hier besonders auf vorne und hinten, das wird bei Raglanärmeln leicht verwechselt.

5. Bügle die Nahtzugaben Richtung Ärmel und steppe die Nahtzugabe am Ärmel fest. Platziere die Taschenbeutel entsprechend der Markierungen rechts auf rechts auf die Seiten der Vorderteile. Nähe die Taschenbeutel an die Vorderteile.

6. Nähe die Taschenbeutel auf dieselbe Weise an das Rückteil.

7. Bügle alle Taschenbeutel nach außen und steppe die Nähte jeweils knappkantig ab.

8. Nähe im nächsten Schritt die Ärmel an das Rückteil. Dafür legst du wie vorher beim Vorderteil das Rückteil mit der rechten Stoffseite nach oben vor dich und darauf rechts auf rechts die Ärmel (an denen jetzt bereits die Vorderteile hängen). Nähe Ärmel und Rückteil zusammen, bügle auch hier die Nahtzugaben Richtung Ärmel und steppe sie ab.

9. Wende die Jacke auf links und schließe Ärmel-, Taschenbeutel- und Seitennaht in einem Zug. Verlängere die Naht im Bereich des Taschenbeutels einige Zentimeter über die untere Kante des Taschenbeutels hinaus, damit später nichts aus der Tasche fallen kann. Wiederhole den Schritt auf der anderen Seite.

10. Lege zwei Knopfleisten rechts auf rechts aufeinander. Wenn du die Knopfleiste wattieren möchtest, lege sie auf eine Knopfleiste aus Volumenvlies.

11. Nähe beide Knopfleistenteile zusammen, die untere Kante bleibt dabei offen. Schneide die Nahtzugabe im Anschluss um die Hälfte zurück, damit sich die Rundungen beim Wenden der Knopfleiste schön ausformen lassen.

12. Wende die Knopfleiste auf rechts und steppe sie knappkantig ab. Nähe die zweite Knopfleiste auf dieselbe Weise.

13. Stecke beide Knopfleisten jetzt an die vorderen Kanten der Jacke. Dabei liegen sie jeweils 1 cm unterhalb des Halslochs und enden oberhalb des Saums. Nähe sie an die Jacke.

14. Falte den Collegekragen der Länge nach links auf links und stecke ihn rechts auf rechts an die Jacke. Achte darauf, dass die hinteren Mitten von Jacke und Kragen aufeinanderliegen und der Kragen bis zur vorderen Kante reicht. Die offene Kante liegt bündig mit dem Halsloch. Nähe mit einem Geradstich, ohne die Knopfleisten mitzufassen.

15. Falte das Armbündchen wie abgebildet rechts auf rechts. Schließe die offene Seite mit einem Geradstich. Falte es dann links auf links.

16. Stülpe das Armbündchen rechts auf rechts auf den Ärmel. Dabei zeigt die Umbruchkante Richtung Jacke und die offene Kante schließt bündig mit dem Ärmel ab. Achte darauf, dass die Naht des Bündchens auf die Naht des Ärmels trifft. Stecke das Bündchen gleichmäßig fest und nähe es unter Dehnung mit einem Zickzackstich an den Ärmel. Wiederhole den Schritt auf der zweiten Seite.

17. Nähe die Innenjacke. Dazu nähst du die Ärmel an die Vorderteile, dann die Ärmel an das Rückteil und schließt zuletzt die Seitennähte. Lasse beim Schließen der Seitennähte auf einer Seite eine Wendeöffnung von etwa 6 cm.

18. Schiebe Außen- und Innenjacke ineinander. Dabei liegen die rechten Stoffseiten aufeinander, Kragen und Knopfleisten liegen innen zwischen beiden Jacken. Nähe die Jacken rundherum an allen Kanten zusammen. Die Ärmel werden noch nicht zusammengenäht.

19. Ziehe die Ärmel auseinander und lege sie so zusammen, dass sie aussehen wie zwei sich küssende Rüssel. Die Bündchen liegen in den Ärmeln der Außenjacke. Schiebe die Kanten der Ärmelsäume rechts auf rechts aufeinander. Nähe die Ärmel rundherum zusammen, sodass sie einen Schlauch ergeben. Ich weiß, es ist schwer vorstellbar, dass nach dem Wenden alles passt, aber es funktioniert. Trust me.

20. Schneide für gut geformte Kanten die Nahtzugabe an den Ecken zurück.

TIPP
Wähle für beide Knopfteile Farben, die jeweils zur Innen- und Außenjacke passen.

21

22

21. Wende die Jacke auf rechts und schließe die Wendeöffnung. Platziere die Knöpfe in gleichmäßigen Abständen auf der Knopfleiste und bringe sie mit der Vario-Zange an, wenn du Plastikdruckknöpfe nutzt. Solltest du andere Knöpfe nutzen, die angenäht werden müssen, fertige außerdem Knopflöcher auf der anderen Knopfleiste an.

22. Ready für den FLOWER MARKET!

CUT & APPLY

STOFFE MIT TEXTILFOLIE INDIVIDUALISIEREN

Neben dem Siebdruck gibt es natürlich noch eine Vielzahl anderer Techniken, um einfarbigen Stoffen einen besonderen Look zu verleihen und Elemente zu schaffen, die du im Rahmen deiner Kollektion immer wieder aufgreifen kannst.

Textilfolie wird von der Modeindustrie genutzt, um Motive auf Kleidung aufzubringen. Bei Sportkleidung nutzt man sie, um Teamnamen, Spieler*innen-Namen und -nummern aufzubringen. Unterschiedliche Folienoberflächen verändern dabei die Wirkung des Motivs.

Textilfolie ist ein flexibles Material, das speziell für den Textildruck entwickelt wurde. Sie besteht in der Regel aus einer dünnen Schicht Polyurethan oder einem ähnlichen Material. Die Folie zeichnet sich durch ihre Flexibilität und Widerstandsfähigkeit aus.

Die Anwendung von Textilfolie erfolgt durch Hitzeübertragung – also mit einer Hitzepresse oder dem Bügeleisen. Die Folie haftet durch die Hitze dauerhaft auf dem Stoff, das überschüssige Material wird entfernt. Textilfolien sind in verschiedenen Farben erhältlich.

Seit Textilfolie auch unter Selbernäher*innen immer mehr Anwendung findet, gibt es auch ein wachsendes Angebot an Dateien, die als Vorlage für Motive dienen. Wenn du einen Schneideplotter besitzt, kannst du ihn nutzen, um deine Textilfolien zuzuschneiden und mehrfarbige Designs auf deine Kleidung zu bringen.

Aber natürlich reicht auch schon eine einfache Schere und deine Kreativität, um Motive aus Textilfolie für deine Teile zu schaffen. Du findest hier deswegen auch die Birnen und Bananen im Buch, die sich wunderbar von Hand ausschneiden lassen. Außerdem sollen sie in erster Linie als Anregung dienen. Denn ich weiß, du hast bestimmt ganz viele eigene Ideen, die du umsetzen kannst.

Bei Textilfolie gilt es zu bedenken, dass es sich um eine Folie handelt, die aus Kunststoff besteht. Ihr Einsatz sollte demnach wohl bedacht sein. Verschnitte werfe ich übrigens nicht in den Müll, sondern nutze auch die kleinsten Reste noch, um daraus abstrakte Muster auf Textilien zu bringen.

WAS DU BRAUCHST

- Textilfolie mit glatter Oberfläche oder Flockfolie
- Bügeleisen oder Heißpresse
- Backpapier
- Schere/Cutter
- Motiv
- Bleistift
- Entgitter-Werkzeug, wenn du kleinteilige Motive nutzen möchtest
- für sehr kleinteilige Motive und Schriftzüge nutze ich gerne meine Schneidemaschine von Cricut

1. Wenn du deine Motive von Hand ausschneiden möchtest, fertige dir zunächst Schablonen an oder nutze die Vorlagen, die du hier im Buch findest (siehe SB 6).

2. Platziere die Vorlagen auf der gummiartigen Seite der Folie und zeichne sie mit einem Bleistift vorsichtig nach. Achte darauf, dass du die Vorlagen gespiegelt auflegst, vor allem, wenn du Buchstaben zuschneidest.

3. Du kannst deine Motive einfach mit der Schere aus der Folie ausschneiden. Platziere sie auf dem Kleidungsstück, um die richtige Position zu finden.

4. Lege die Folie mit der gummiartigen Seite auf den Stoff. Die glänzende Seite (Trägerfolie) zeigt nach oben. Fixiere die Textilfolie nun Element für Element mit Hitze auf deinem Stoff. Folge dabei der Temperaturempfehlung und Anleitung der Folienhersteller*in. Sobald sich die Textilfolie mit dem Stoff verbunden hat, kannst du die Trägerfolie vorsichtig abziehen. Je nach Folie geschieht das am besten, während die Folie noch warm ist, oder wenn sie schon vollständig abgekühlt ist.

5. Platziere das nächste Element deines Motivs auf den Stoff. Bevor du mit dem Bügeln oder Heißpressen beginnst, musst du bereits aufgebrachte Folie, die nicht mehr durch Trägerfolie geschützt wird, vor dem Schmelzen schützen. Verwende dafür Backpapier.

6. Jetzt musst du nur noch die Birnenblätter mit dem Bügeleisen fixieren, schon steckt dein Sweatshirt PEAR MY DEAR voller Vitamine.

PEAR MY DEAR

COSY SWEATSHIRT

DU BRAUCHST …

ein altes Sweatshirt, das groß genug ist, um deine Wunschgröße nähen zu können. Dabei kannst du die Bündchen des Sweatshirts nutzen oder andere Bündchenware verwenden. In der folgenden Anleitung wird das Halsloch mit einem Halsstreifen eingefasst, natürlich kannst du auch ein Bündchen annähen. Schau einfach beim Shirt PEPINO, wie du dafür vorgehen musst.

Wenn du Meterware verwenden möchtest:
PEAR MY DEAR lässt sich aus jeglicher Strickware wie z. B. Sweat, French Terry oder Jersey nähen.

- Größe 80 bis 116 – 100 cm
- Größe 122 bis 140 – 120 cm
- Bündchen für alle Größen – 50 cm

TIPP

Textilfolie eignet sich hervorragend, um deine Ideen auf Stoff umzusetzen. Gerade wenn du gebrauchte Textilien verwendest, gilt es vielleicht an der einen oder anderen Stelle Flecken abzudecken. Du kannst Textilfolie von Hand zu beliebigen Formen und Mustern zuschneiden oder dafür auch einen Schneideplotter verwenden. Auf Seite 70 findest du eine ausführliche Anleitung zur Verwendung von Textilfolie.

ZUSCHNITT

Hier kannst du dich an deinem gebrauchten Sweatshirt orientieren. Die neuen Vorder- und Rückteile entstehen aus den alten und mit den Ärmeln und Bündchen kannst

du es genauso handhaben. Ich nutze zum Einfassen des Halslochs eine farblich passende Hose aus Rippjersey, weil das Ausgangsmaterial nicht genug Bündchen hatte.

Füge an allen Kanten 1 cm Nahtzugabe hinzu. Verzichte nur an den Halsausschnitten auf die Nahtzugabe, da das Halsloch mit einem Streifen versäubert wird. Füge außerdem 2 cm Saumzugabe an Vorder- und Rückteil hinzu. Wenn du einen bestehenden Saum verarbeitest, kannst du auf die Saumzugaben verzichten.

Du findest alle Schnittteile auf SB 2.

- 1 x Vorderteil im Bruch
- 1 x Rückteil im Bruch
- 2 x Ärmel gegengleich
- 1 x Halsstreifen im Bruch
- 2 x Armbündchen gegengleich
- 1 x Saumbund im Bruch

PEAR MY DEAR *ist ein Everyday Sweatshirt mit Wohlfühlgarantie. Die Silhouette lässt genug Platz für Kinderabenteuer und einen ausgeprägten Bewegungsdrang. Die Bündchen an Armen und Bauch kannst du natürlich auch durch andere Abschlüsse ersetzen. Schaue einfach, welche Materialien dir zur Verfügung stehen und was du daraus erschaffen kannst.*

1. Lege Vorder- und Rückteil mit den rechten Stoffseiten aufeinander. Schließe eine (!) Schulternaht mit einem Geradstich. Bügle die Naht im Anschluss auseinander.
2. Stecke den Halsstreifen gleichmäßig rechts auf rechts an das Halsloch und nähe ihn unter Dehnung mit einem Geradstich fest.
3. Schlage den Halsstreifen nach innen um die entstandene Nahtzugabe. Nähe ihn jetzt mit einem Zickzackstich unter Dehnung fest. Dabei sticht die Nähmaschinennadel im Wechsel in das Rumpfteil und den Halsstreifen und fasst dabei die offene Kante des Halsstreifens auf der Innenseite des Shirts mit ein. Schneide im Anschluss gegebenenfalls Überstände des Halsstreifens bis zur Zickzacknaht zurück.
4. Platziere Vorder- und Rückteil wieder rechts auf rechts aufeinander. Schließe die zweite Schulternaht mit einem Geradstich.

COSY SWEATSHIRT

5. Bügle die Nahtzugabe an der Schulternaht auseinander und steppe sie im Bereich des Halsstreifens mit einigen Stichen fest.

6. Lege das Sweatshirt vor dich und stecke einen Ärmel rechts auf rechts in das erste Armloch. Achte darauf, dass alle Markierungen passgenau aufeinanderliegen, damit der vordere Ärmel auch Richtung Vorderteil zeigt. Nähe den Ärmel mit einem Geradstich an das Shirt und wiederhole den Schritt beim zweiten Ärmel.

7. Falte das Sweatshirt rechts auf rechts zusammen. Schließe die Ärmel- und Seitennaht in einem Schritt. Wiederhole den Schritt auf der anderen Seite.

8. Lege die Armbündchen wie abgebildet rechts auf rechts und schließe jeweils die lange Seite mit einer Naht. Falte die Bündchen im Anschluss links auf links, sodass die rechten Stoffseiten außen liegen.

9. Stecke ein Armbündchen auf den ersten Ärmel. Dabei zeigt die Umbruchkante Richtung Sweatshirt und die offene Kante schließt bündig mit dem Ärmel ab. Achte darauf, dass die Naht des Bündchens auf die Naht des Ärmels trifft. Stecke das Bündchen gleichmäßig fest und nähe es unter Dehnung mit einem Zickzackstich an den Ärmel. Wiederhole den Schritt auf der zweiten Seite.

10. Schließe das Saumbündchen genauso wie das Armbündchen und stecke es rechts auf rechts an das Sweatshirt. Nähe es nun ebenfalls mit einem Zickzackstich fest.

11. Für den „Sieht-ja-aus-wie-gekauft"-Look bügelst du jetzt noch die Nahtzugabe des Bündchens Richtung Sweatshirt und steppst mit einem Geradstich bei etwa 0,5 cm ab.

12. Oh PEAR MY DEAR, dich brauchen wir in ganz vielen Farben!

COSY SWEATSHIRT

Zum Download der Vorlagen QR-Code scannen oder auf bit.ly/fashion-fruits gehen und dort „Downloads“ anklicken.

FRUITY-LICIOUS

SWEATSHIRT-KLEID

DU BRAUCHST …

gebrauchte Sweatshirts oder T-Shirts in unterschiedlichen Farben. Beim Upcyceln ist das Colourblocking ein super Tool, um begrenzte Ressourcen spielerisch miteinander zu verbinden. So fällt am Ende gar nicht auf, dass dir vielleicht für ein Teil Stoff „fehlte", da du durch geschickte Kombinationen einzigartige und unverwechselbare Looks kreieren kannst.

Vielleicht hast du jedes Kleidungsstück, das du nähen möchtest, im Vorfeld bereits genau geplant und alle Materialien zusammengetragen. Im Verlauf einer Kollektionserstellung ist es aber dennoch ganz normal, Dinge auszuprobieren und an der einen oder anderen Stelle Anpassungen vorzunehmen. Die Planungsphase einer Kollektion ist von großer Bedeutung, und dennoch lassen sich einige Entscheidungen besser treffen, während wir mitten im Herstellungsprozess sind. Also, welche Farbe sollen die Ärmel bekommen?

Wenn du Meterware verwenden möchtest: FRUITYLICIOUS lässt sich aus jeglicher Strickware wie z. B. Sweat, French Terry oder Jersey nähen.

- Größe 80 bis 116 – 110 cm
- Größe 122 bis 140 – 130 cm
- Bündchen für alle Größen – 50 cm

ZUSCHNITT

Füge an allen Kanten 1 cm Nahtzugabe hinzu. Füge außerdem 2 cm Saumzugabe an Vorder- und Rückteil hinzu. Wenn du einen bestehenden Saum verarbeitest, kannst du auf die Saumzugaben verzichten.

Du findest alle Schnittteile auf SB 2.

- 1 x Vorderteil im Bruch
- 1 x Rückteil im Bruch
- 2 x Ärmel gegengleich
- 1 x Halsbündchen im Bruch
- 2 x Armbündchen gegengleich

FRUITYLICIOUS *ist Kleid und Long-Sweatshirt in einem. Der Oversized-Fit macht das bequeme Teil zu einem Lieblingsstück für alle Jahreszeiten, denn du entscheidest, aus welchem Strickmaterial du es nähst.*

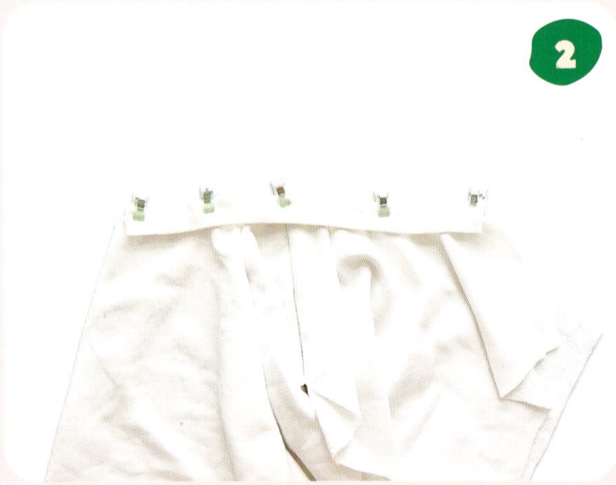

1. Lege Vorder- und Rückteil rechts auf rechts aufeinander. Schließe eine (!) Schulternaht mit einem Geradstich. Bügle die Nahtzugabe auseinander.

2. Stecke das Halsbündchen gleichmäßig rechts auf rechts an das Halsloch und nähe es unter Dehnung mit einem Geradstich fest.

3. Damit sich die Nahtzugabe des Rückteils schön legt, kannst du sie jetzt noch Richtung Sweatshirt bügeln und mit einem Geradstich bei etwa 0,5 cm absteppen.

4. Platziere Vorder- und Rückteil wieder so vor dich, dass die rechten Stoffseiten aufeinanderliegen und die linken nach außen zeigen. Schließe die zweite Schulternaht mit einem Geradstich.

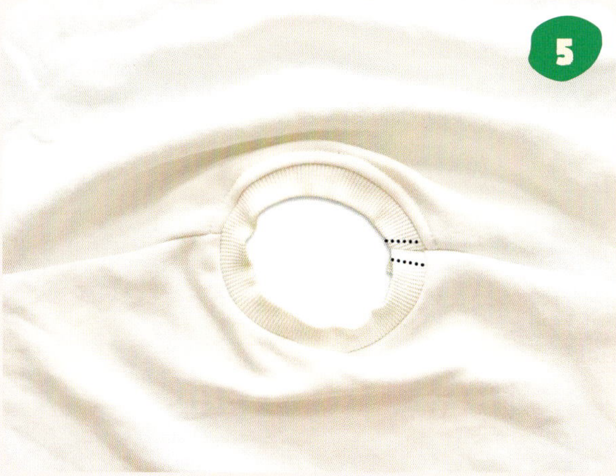

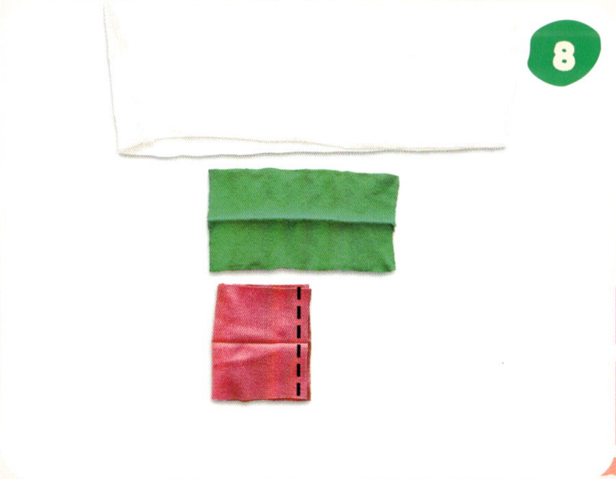

5. Bügle die Nahtzugabe an der Schulternaht auseinander und steppe sie im Bereich des Halsbündchens mit einigen Stichen fest.

6. Lege das Kleid vor dich und stecke die Ärmel rechts auf rechts in die Armlöcher. Achte darauf, dass alle Markierungen passgenau aufeinanderliegen, damit die vorderen Ärmel auch Richtung Vorderteil zeigen. Nähe die Ärmel mit einem Geradstich an das Kleid.

7. Falte das Kleid rechts auf rechts zusammen. Schließe die Ärmel- und Seitennähte jeweils in einem Schritt.

8. Lege die Armbündchen wie abgebildet rechts auf rechts und schließe die offenen, langen Seiten mit einer Naht. Falte die Bündchen im Anschluss links auf links, sodass die rechten Stoffseiten wieder außen liegen.

TiPP

Aus Textilfolie lassen sich die coolsten Statements ausschneiden und auf deine Kleidungsstücke aufbringen – nicht nur auf neu genähte. Manchmal kann ein Upcycling so einfach sein: Schenke einem Shirt mit Flecken doch einfach ein zweites Leben, indem du den Fleck mit Textilfolie überdeckst. Auf Seite 70 findest du eine ausführliche Anleitung zur Verwendung von Textilfolie.

9. Stecke ein Armbündchen auf den ersten Ärmel. Dabei zeigt die Umbruchkante Richtung Kleid und die offene Kante schließt bündig mit dem Ärmel ab. Achte darauf, dass die Naht des Bündchens auf die Naht des Ärmels trifft. Stecke das Bündchen gleichmäßig fest und nähe es unter Dehnung mit einem Zickzackstich an den Ärmel. Wiederhole den Schritt auf der zweiten Seite.

10. Bügle die Saumzugabe 2 cm nach innen um und nähe sie fest. Dafür kannst du sowohl einen Gerad- als auch einen Zickzackstich verwenden.

11. Fertig ist dein wunderschön buntes Kleid!

FRUITY
LICIOUS

BUTTERFLY

TOP MIT FLÜGELN

DU BRAUCHST …

ein gebrauchtes T-Shirt aus Jersey. Dabei ist es egal, ob das T-Shirt einen Elasthananteil hat oder zu 100 % aus Baumwolle besteht. Außerdem benötigst du Stoffreste aus Web- oder Strickware für die Volants am Arm.

TIPP

Wenn du eine ganze Kollektion nähst, kannst du die Volants aus einem Stoff nähen, den du bereits an anderer Stelle verwendet hast. So entsteht ein Zusammenhang zwischen BUTTERFLY und einem weiteren Teil (wie z. B. der Shorts PICNIC). Wenn das andere Teil eine Hose ist, lassen sich beide Teile wunderbar miteinander kombinieren.

Wenn du Meterware verwenden möchtest:
Für BUTTERFLY verwendest du am besten Jersey oder Interlock für das Top und ein leichtes Material für die Volants.

- Größe 80 bis 116 – 95 cm
- Größe 122 bis 140 – 110 cm
- Für alle Größen: 30 cm Stoff für die Volants

ZUSCHNITT

Füge an allen Kanten des Vorder- und Rückteils 1 cm Nahtzugabe hinzu. Verzichte auf die Nahtzugabe am Halsausschnitt und den Armlöchern, weil sie jeweils eingefasst werden. Füge außerdem 2 cm Saumzugabe an Vorder- und Rückteil hinzu. Wenn du einen bestehenden Saum verarbeitest, kannst du auf die Saumzugaben verzichten.

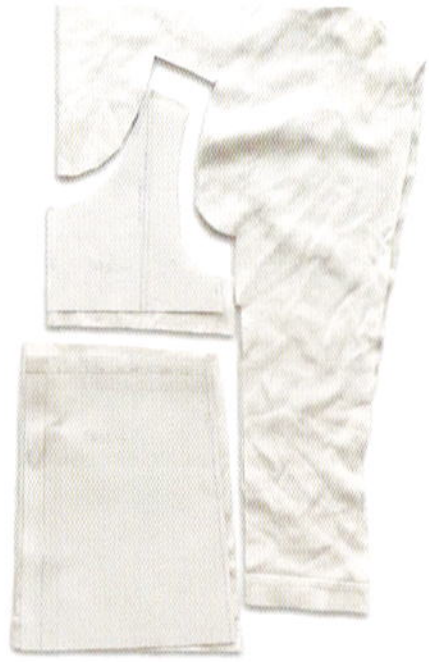

Du findest alle Schnittteile auf SB 1.

- 1 x Passe Vorderteil im Bruch
- 1 x Vorderteil im Bruch
- 1 x Passe Rückteil im Bruch
- 1 x Rückteil im Bruch
- 2 x Volant im Bruch
- 1 x Halsstreifen im Bruch
- 2 x Ärmelstreifen

Das Top **BUTTERFLY** *macht mit seinen Volants richtig Lust auf Sommer. Es eignet sich super, um Stoffreste zu verwenden und Materialien zu mixen.*

1. Lege die Passen von Vorder- und Rückteil rechts auf rechts aufeinander und schließe eine (!) Schulternaht. Bügle die Nahtzugabe im Anschluss auseinander. Wenn du möchtest, kannst du die Naht von rechts beidseitig absteppen, um die Nahtzugabe zu fixieren.

2. Stecke den Halsstreifen gleichmäßig rechts auf rechts an das Halsloch der eben genähten Passen und nähe ihn unter Dehnung mit einem Geradstich fest.

3. Schlage den Halsstreifen um die entstandene Nahtzugabe nach innen. Nähe ihn jetzt mit einem Zickzackstich unter Dehnung fest. Dabei sticht die Nähmaschinennadel im Wechsel in das Rumpfteil und den Halsstreifen und fasst dabei die offene Kante des Halsstreifens auf der Innenseite des Tops mit ein.

4. Schließe jetzt die zweite Schulternaht. Bügle die Nahtzugabe der Schulternaht auseinander und fixiere sie mit einigen Stichen im Bereich des Halslochs.

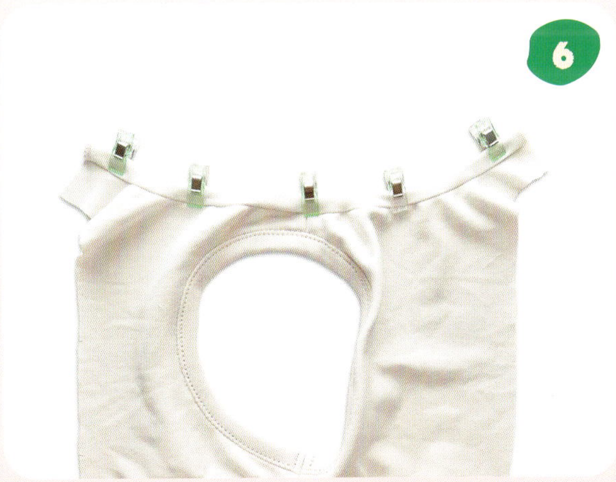

5. Stecke den Ärmelstreifen gleichmäßig an das Armloch und nähe ihn unter Dehnung mit einem Geradstich fest.

6. Schlage den Streifen um die entstandene Nahtzugabe nach innen. Nähe ihn jetzt mit einem Zickzackstich unter Dehnung fest. Dabei sticht die Nähmaschinennadel im Wechsel in das Rumpfteil und den Streifen und fasst dabei die offene Kante des Streifens auf der Innenseite des Tops mit. Fasse das andere Armloch auf dieselbe Weise ein.

7. Lege ein Volant mit der linken Seite nach oben vor dich. Schlage die untere Kante 0,5 cm nach oben und bügle sie. Schlage die gebügelte Kante weitere 0,5 cm nach oben, bügle sie wieder und steppe sie knappkantig fest. Falte nun beide kurzen Seite auf dieselbe Weise ein und nähe sie ebenfalls fest.

8. Nähe mit einem Abstand von etwa 1 cm zur oberen Kante eine Hilfsnaht mit einem weiten Stich. Verriegle die Naht nicht und lasse zu Beginn und Ende etwa 10 cm Garn überstehen.

9. Kräusle den Volant, indem du an den überstehenden Fäden ziehst, bis er auf die halbe Länge gekräuselt ist. Fixiere die Kräuselung, indem du die überstehenden Fadenenden verknotest. Wiederhole alle Schritte beim zweiten Volant.

10. Stecke den Volant anhand der Markierungen rechts auf rechts auf den oberen Teil des Tops. Dabei zeigt die gekräuselte Seite Richtung Armloch. Der Volant reicht auf Vorder- und Rückteil bis zu den Kanten des Tops. Steppe den Volant entlang der Hilfsnaht auf das Top.

11. Falte den Volant nun Richtung Armloch. Die rechte Stoffseite zeigt jetzt nach oben. Nähe mit einem Geradstich bei etwa 1 cm parallel zur ersten Naht den Volant auf das Top. Nähe den anderen Volant auf dieselbe Weise an.

12. Lege das Top mit der rechten Seite nach oben vor dich und nähe Vorder- und Rückteil mit einem Geradstich an die jeweilige Passe. **ACHTUNG:** Fasse dabei nur den angenähten Teil des Volants in der Naht mit, schiebe den Rest der Volantkante so nach oben, dass er später frei liegt (Bild 13).

TIPP

Sollte der Stoff, den du für die Volants nutzen möchtest, nicht lang genug sein, kannst du die Volants auch jeweils aus zwei Teilen zusammensetzen, indem du sie in der Mitte zusammennähst. So kannst du auch coole Materialkombinationen für dein BUTTERFLY kreieren.

13. Klappe die Nahtzugabe der eben genähten Naht nach unten und steppe die Naht knappkantig von rechts mit einem Geradstich an Vorder- und Rückteil ab.

14. Lege das Top rechts auf rechts. Schließe beide Seitennähte mit einem Geradstich. Solltest du keinen bereits vorhandenen Saum verarbeiten, schlage den Saum nach innen um und nähe ihn mit einem Gerad- oder Zickzackstich fest.

15. Bügle die Nahtzugaben auseinander und fixiere sie mit einigen Stichen im Bereich der Armlöcher und am Saum.

DRAGON-FRUIT

JUMPSUIT

DU BRAUCHST …

ein gebrauchtes Shirtkleid oder ein altes Jerseybettlaken. Für die Taschen und die Einfassstreifen an Arm- und Halsausschnitten kannst du super Jerseyreste verwenden.

Wenn du Meterware verwenden möchtest: DRAGONFRUIT lässt sich aus jeglicher Strickware wie z. B. Jersey, Sweat oder French Terry nähen.

- Größe 80 bis 116 – 130 cm
- Größe 122 bis 140 – 170 cm

ZUSCHNITT

Wenn du Streifenstoffe verwendest, versuche deine Schnittteile so zuzuschneiden, dass die Streifen später genau aneinanderpassen. Beim Upcycling ist das vielleicht aufgrund begrenzter Ressourcen nicht immer möglich. Ciao Perfektionismus … der hält uns doch eh nur auf!

Füge an allen Kanten der Vorder- und Rückteile 1 cm Nahtzugabe hinzu. Verzichte auf die Nahtzugabe am Halsausschnitt und den Armlöchern, weil sie jeweils eingefasst werden. Füge außerdem 2 cm Saumzugabe an den Beinsäumen hinzu. Wenn du einen bestehenden Saum verarbeitest, kannst du auf die Saumzugaben verzichten.

Bei den Taschen fügst du an der oberen Kante 2 cm und an allen anderen Kanten 1 cm Nahtzugabe hinzu.

Du findest alle Schnittteile auf SB 4.

- 2 x Vorderteil gegengleich
- 2 x Rückteil gegengleich
- 1 x Halsstreifen
- 2 x Ärmelstreifen
- 2 x Tasche

Der Jumpsuit **DRAGONFRUIT** *ist ein lässiger Einteiler mit Trägern, großen, aufgesetzten Taschen und weitem Bein. Weil er ohne Verschluss auskommt, lässt er sich einfach an- und ausziehen.*

1. Lege die beiden Vorderteile rechts auf rechts aufeinander und schließe die Naht in der vorderen Mitte mit einem Geradstich.

2. Lege die beiden Rückteile rechts auf rechts aufeinander und schließe die Naht in der hinteren Mitte mit einem Geradstich.

3. Lege Vorder- und Rückteil rechts auf rechts aufeinander und schließe eine (!) Schulternaht. Bügle die Nahtzugabe auseinander.

4. Stecke den Halsstreifen gleichmäßig rechts auf rechts an das Halsloch und nähe ihn unter Dehnung mit einem Geradstich fest.

5. Schlage den Halsstreifen um die entstandene Nahtzugabe nach innen. Nähe ihn jetzt mit einem Zickzackstich unter Dehnung fest. Dabei sticht die Nähmaschinennadel im Wechsel in das Rumpfteil und den Halsstreifen und fasst dabei die offene Kante des Halsstreifens auf der Innenseite des Jumpsuits mit ein.

6. Verarbeite das Armloch mit der geschlossenen Schulternaht auf dieselbe Weise wie das Halsloch.

7. Schließe jetzt die zweite Schulternaht. Bügle auch hier die Nahtzugabe auseinander.

8. Fixiere die Nahtzugabe der Schulternaht mit einigen Stichen und fasse das zweite Armloch genauso wie das erste ein.

9. Lege den Jumpsuit rechts auf rechts aufeinander und schließe die erste Seitennaht. Verriegle im Anschluss die Nahtzugabe der Seitennaht im Bereich des Einfassstreifens des Armlochs mit einigen Stichen.

10. Nun geht es an die Taschen: Lege sie mit der linken Stoffseite nach oben vor dich und bügle jeweils die obere Kante 2 cm nach unten. Nähe den Umschlag fest.

11. Bügle die Nahtzugaben der Taschen an den anderen drei Seiten nach innen.

12. Platziere die Tasche auf der geschlossenen Seitennaht und nähe sie an den Seiten und unten mit einem Geradstich auf den Jumpsuit. Schließe die zweite Seitennaht und nähe die zweite Tasche auf.

13. Um die Taschen vor dem Ausreißen zu schützen, kannst du sie an der oberen Kante mit einer kurzen Naht sichern.

14. Wende den Jumpsuit auf die linke Seite und schließe die innere Beinnaht mit einem Geradstich. Wende den Jumpsuit im Anschluss wieder auf die rechte Seite.

15. Bügle die Beinsäume 2 cm nach oben und nähe sie mit einem Geradstich fest. Fertig!

FRUIT SALAD

WENDEWESTE

DU BRAUCHST …

eine gebrauchte Fleecejacke und verschiedene andere Stoffreste, aus denen du die vielen Einzelteile der Wendeweste zuschneiden kannst. Wenn du dein Material wattieren möchtest, brauchst du außerdem Volumenvlies oder anderes Fleece, das du dafür nutzen kannst.

TIPP

Für Westen und Jacken eignen sich besonders andere Jacken als Rohware, weil du hier Elemente wie Taschen einfach übernehmen kannst. So kann deine Weste ganz einfach eine Paspeltasche mit Reißverschluss bekommen.

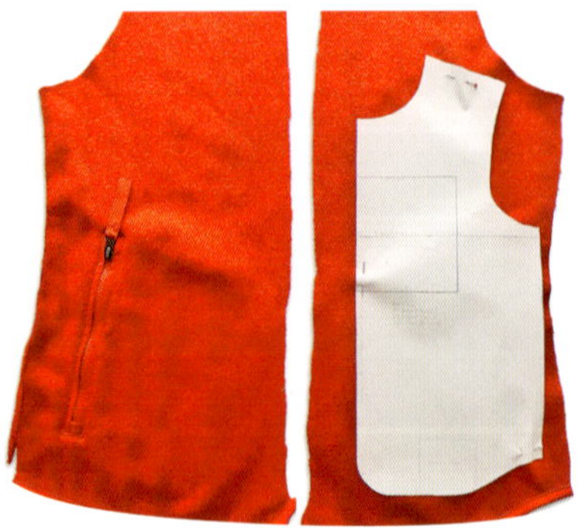

Wenn du Meterware verwenden möchtest:
FRUIT SALAD lässt sich sowohl aus Web- als auch aus Strickware nähen. Du kannst also Fleece, Steppstoff, Popeline, Twill, Denim, Jersey, French Terry und viele andere Materialien verwenden. Wenn du deinen Stoff selbst wattieren möchtest, benötigst du Volumenvlies.

- Außen- und Innenstoff Größe 80 bis 116 – je 70 cm
- Außen- und Innenstoff Größe 122 bis 140 – je 85 cm
- Volumenvlies Größe 80 bis 116 – 70 cm
- Volumenvlies Größe 122 bis 140 – 85 cm
- Reißverschluss für die Brusttasche (Länge 12 cm)
- 5–8 Knöpfe

ZUSCHNITT

Füge an allen Kanten 1 cm Nahtzugabe hinzu. Verzichte auf die Nahtzugabe an den Armlöchern, weil sie jeweils eingefasst werden.

Du findest alle Schnittteile auf SB 3 und 6.

- 2 x Vorderteil gegengleich aus Außenstoff
- 2 x Vorderteil gegengleich aus Innenstoff
- 1 x Rückteil im Bruch aus Außenstoff
- 1 x Rückteil im Bruch aus Innenstoff
- 4 x Knopfleiste (davon je 2 x gegengleich plus ggf. 2 x aus Volumenvlies)
- 1 x Brusttasche
- 2 x Kragen im Bruch

Die gemütliche Weste **FRUIT SALAD** *kann so etwas wie das Keypiece deiner Kollektion werden, weil sie sich mit jedem anderen Teil deiner Kollektion kombinieren lässt. Als Wendeweste bietet sie dir eine Außen- und eine Innenseite, die du ganz nach deinen Vorstellungen gestalten kannst. Vielleicht soll sie auch Taschen bekommen, die du aus einer gebrauchten Textilie wiederverwendest.*

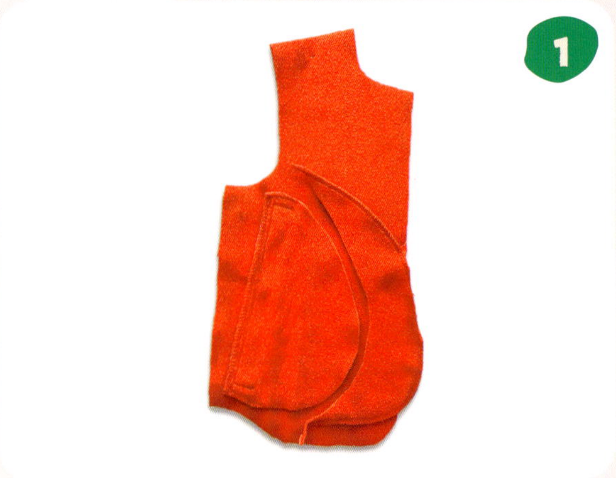

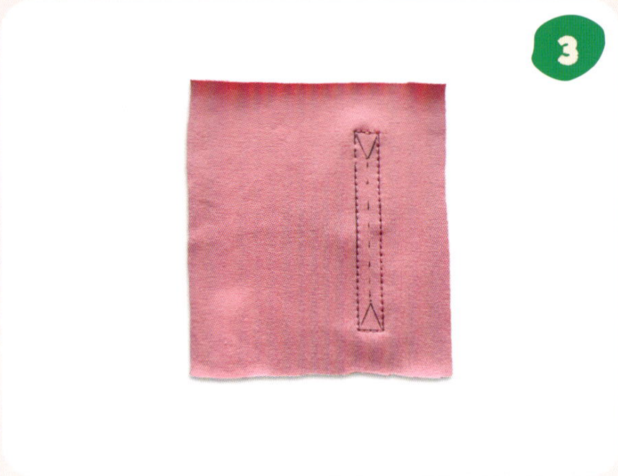

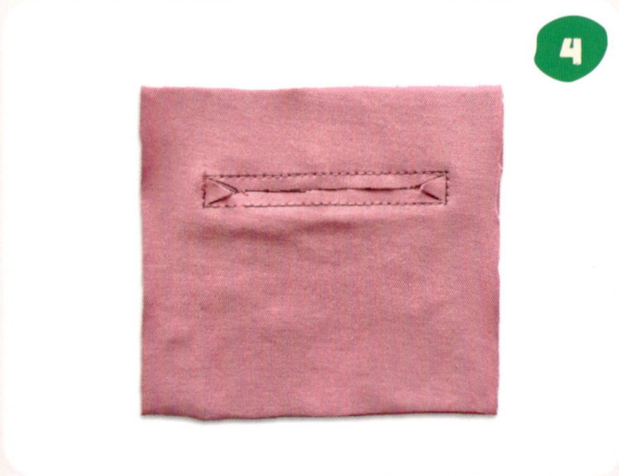

1. Versäubere die Kanten aller Schnittteile im Vorfeld, damit dein Stoff nicht ausfranst. Alternativ kannst du die Nähte nach jedem Schritt gemeinsam versäubern. Wenn du Taschen von gebrauchter Rohware verwendest, musst du die Taschenbeutel unter Umständen entsprechend verkleinern. Schneide sie passend zum Vorderteil zu, sodass sie weiterhin genug Platz für Kinderhände bieten, aber nicht über die vordere Kante hinausreichen.

2. Schließe die offenen Kanten der verkleinerten Taschenbeutel.

3. Übertrage die Markierungen der Brusttasche auf den Stoff, zeichne dir wie abgebildet zusätzliche Linien ein und nähe eine Naht auf der Außenkante der Markierung.

4. Schneide nun vorsichtig mit einer kleinen Schere entlang der anderen Linien.

TIPP

Wenn du Jersey verwendest, kannst du entweder Bügeleinlage verwenden, um den Stoff und den Schlitz zu verstärken, oder den Stoff doppelt zuschneiden.

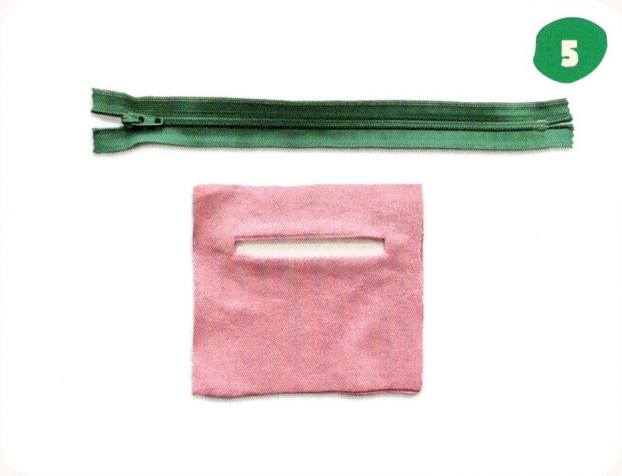

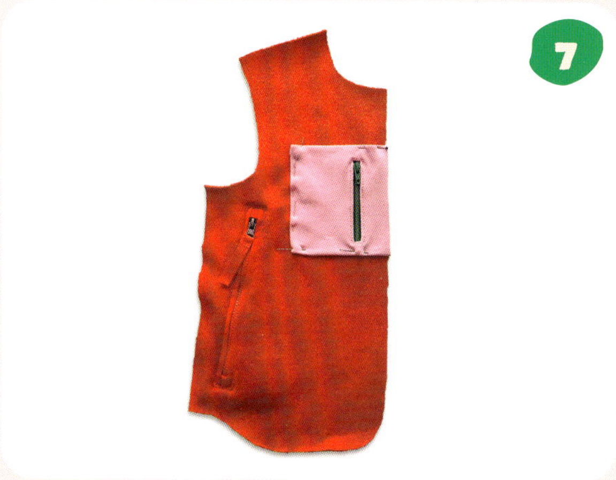

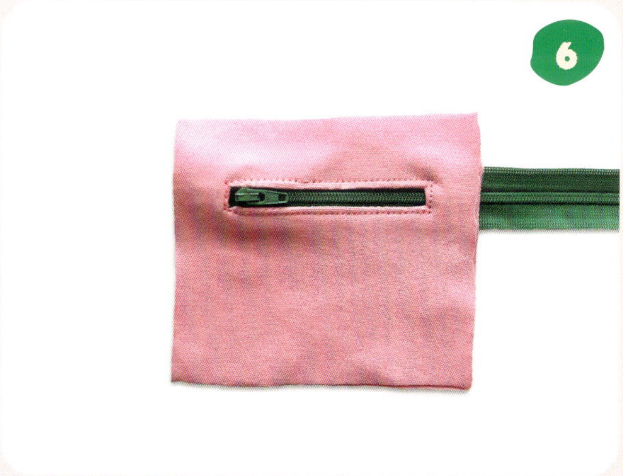

5. Schlage die Kanten des Schlitzes nach innen, sodass die Brusttasche auf der rechten Seite nun so aussieht wie auf dem Bild.

6. Stecke den Reißverschluss hinter den Schlitz und fixiere ihn, indem du knappkantig entlang der Schlitzkante nähst. Schneide die Überstände des Reißverschlusses im Anschluss zurück.

7. Bügle an drei Seiten die Nahtzugaben der Brusttasche um und stecke sie auf ein Vorderteil. An der Kante der Brusttasche, die an die vordere Kante des Vorderteils stößt, verzichtest du auf das Umbügeln der Nahtzugabe.

8. Lege das Rückteil der Außenweste mit der rechten Stoffseite nach oben vor dich. Platziere die passenden Vorderteile rechts auf rechts darauf. Schließe die beiden Schulternähte und die Seitennähte.

9. Wenn du deine Innen- oder Außenweste wattieren möchtest, findest du in der Anleitung der Jacke FLOWER MARKET auf Seite 64 eine kurze Anleitung , wie du vorgehen kannst.

10. Nähe die Innenweste zusammen. Lege dafür die Vorderteile rechts auf rechts auf das Rückteil und schließe die Schulter- und Seitennähte.

11. Lege die beiden Kragenteile rechts auf rechts aufeinander.

12. Nähe beide Kragenteile zusammen, dabei bleibt die untere Kante offen. Schneide die Nahtzugabe im Anschluss um die Hälfte zurück, damit sich die Rundungen beim Wenden des Kragens schön ausformen lassen.

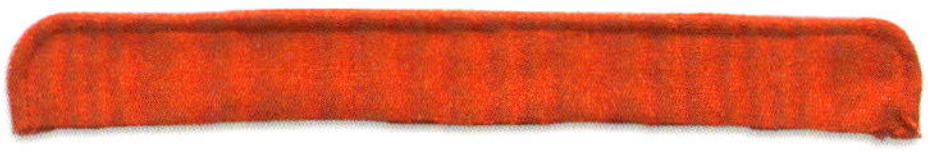

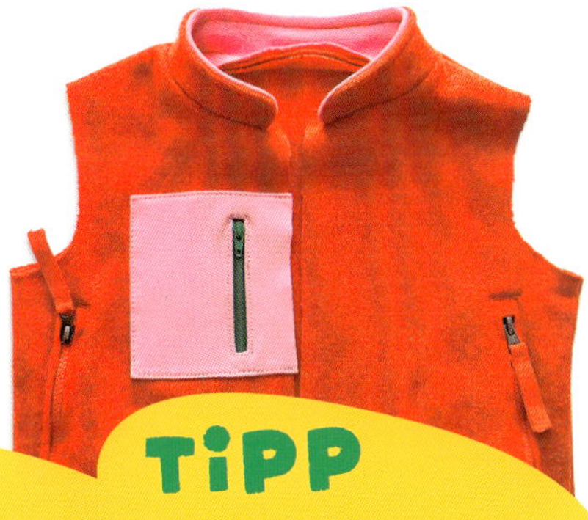

TIPP

Auch alte Fleecedecken oder ähnlich leichtes Material eignen sich super zum Watttieren. Auch Sweatstoff hilft, einem Stoff mehr Volumen zu verleihen.

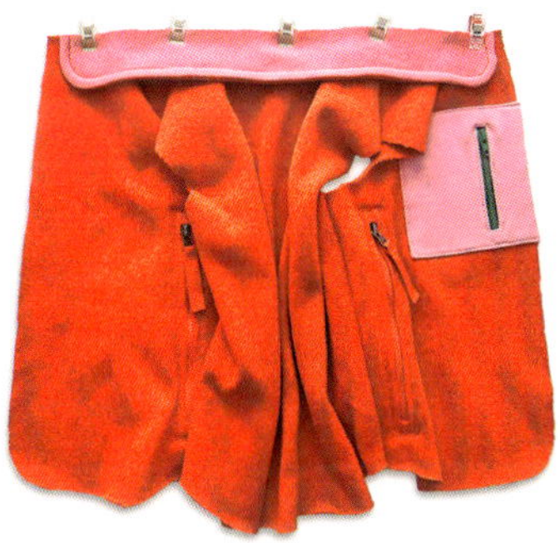

13. Wende den Kragen auf rechts und steppe die Kante mit einem Abstand von etwa 0,5 cm zur Kante mit einem Geradstich ab.

14. Stecke den Kragen an die Außenweste. Stelle sicher, dass die hintere Mitte des Kragens auf der hinteren Mitte der Weste liegt. Der Kragen hat dabei 1 cm Abstand zu den vorderen Kanten.

15. Die größten Hürden sind genommen. Deine FRUIT SALAD sieht jetzt schon richtig nach einer Weste aus. Ab in den Endspurt.

16. Lege zwei Knopfleisten rechts auf rechts aufeinander. Wenn du die Knopfleiste wattieren möchtest, lege sie auf eine Knopfleiste aus Volumenvlies (oder wie hier auf Fleecereste, die du zu Hause hast). Nähe die Knopfleiste wie zuvor den Kragen. Wiederhole alle Schritte für die zweite Knopfleiste.

17. Wende die Knopfleisten auf rechts und steppe hier ebenfalls die Kanten ab.

18. Stecke beide Knopfleisten jetzt an die vorderen Kanten der Außenweste. Dabei liegen sie jeweils 1 cm unterhalb des Halslochs. Nähe beide Knopfleisten mit einem Geradstich an die Weste.

19. Schiebe Außen- und Innenweste ineinander. Dabei liegen die rechten Stoffseiten aufeinander, Kragen und Knopfleisten liegen innen zwischen beiden Westen. Nähe die Westen rundherum an allen Kanten zusammen. Lediglich die Armlöcher bleiben dabei offen. Wende die Weste im Anschluss durch eines der Armlöcher.

20. Lege die Einfassstreifen für die Armlöcher rechts auf rechts in den Bruch und schließe sie jeweils an der schmalen Seite.

21. Schiebe einen der zum Ring geschlossenen Einfassstreifen rechts auf rechts auf das erste Armloch der Außenweste. Dabei liegt die Naht des Einfassstreifens auf der Seitennaht der Weste. Nähe den Streifen mit einem Geradstich an das Armloch.

22. Schlage den Einfassstreifen um die entstandene Nahtzugabe nach innen. Nähe ihn jetzt mit einem Zickzackstich fest. Dabei sticht die Nähmaschinennadel im Wechsel in das Rumpfteil und den Einfassstreifen und fasst dabei die offene Kante des Streifens auf der Innenseite der Weste mit ein. Wiederhole diese Schritte beim zweiten Armloch.

23. Jetzt fehlen nur noch die Knöpfe. Auf Seite 69 findest du eine Anleitung, wie du sie anbringen kannst.

APPLE CRUMBLE

EVERYDAY HOSE

DU BRAUCHST ...

ein altes Sweatshirt oder eine gebrauchte Jogginghose. Das Bündchen von APPLE CRUMBLE lässt sich super aus dem Bündchen des Sweatshirts oder aus dem Bund einer Jogginghose nähen.

TIPP

Wenn du eine Kollektion erstellst und Farben oder Muster sich wiederholen sollen, die Materialressourcen das aber nicht hergeben, kannst du mit Siebdruck ähnlich farbige Stoffe optisch annähern. Das Shirt APPLE JUICE passt nach dem Siebdruck hervorragend zur Hose APPLE CRUMBLE, obwohl die Stoffe beider Teile leicht abweichende Pinktöne haben. *Auf Seite 42 findest du dafür eine Anleitung.*

Wenn du Meterware verwenden möchtest:
APPLE CRUMBLE lässt sich sowohl aus Strick- als auch aus Webware nähen. Du kannst also Jersey, French Terry, Popeline, Twill, Denim und viele andere Materialien verwenden.

- Größe 80 bis 116 – 90 cm
- Größe 122 bis 140 – 100 cm
- Bündchen – 50 cm

Für die Nahttaschenbeutel eignet sich eher ein leichterer Stoff. Wenn du dafür also einen Stoff verwendest, der bereits in deiner Kollektion vorkommt, schlägst du sogar drei Fliegen mit einer Klappe: Der Stoff trägt nicht auf, du verwertest kleine Stoffreste und der Kollektionsgedanke setzt sich bis in die Taschen fort.

ZUSCHNITT

Füge an allen Kanten 1 cm Nahtzugabe und 2 cm Saumzugabe an den Beinen hinzu.

Du findest alle Schnittteile auf SB 5.

- 2 x vordere Hose gegengleich
- 2 x hintere Hose gegengleich
- 1 x Bund im Bruch
- 4 x Nahttaschen (je 2 x gegengleich)

apple crumble *ist eine gemütliche Hose für jeden Tag. Nahttaschen und der Bund aus Bündchenware machen die Hose mit geradem Bein extra bequem und auch schon für die Kleinsten tauglich.*

1. Platziere die Taschenbeutel anhand der Markierungen rechts auf rechts auf den Vorderhosen und nähe sie mit einem Geradstich an. Bügle die Tasche nach außen und steppe sie knappkantig ab. Wiederhole dies an den hinteren Hosen.

2. Lege die Vorderhosen rechts auf rechts auf die Rückteile der Hose. Nähe die äußere Beinnaht. Dabei nähst du entlang der äußeren Kante der Taschenbeutel. Verlängere die Naht im Bereich der Taschenbeutel etwas über die untere Taschenkante hinaus, damit der Tascheneingriff später nicht zu groß ist.

3. Schlage die Hose auf, bügle die Nahtzugabe auseinander und bügle den Saum 2 cm nach oben. Die Bügelkante erleichtert dir später das Säumen.

4. Schiebe die inneren Kanten der Hosenteile jeweils passgenau rechts auf rechts aufeinander und schließe die innere Beinnaht mit einem Geradstich. Der Saum liegt hier wieder aufgeklappt vor dir. Die Bügelfalte hilft dir im nächsten Schritt beim Säumen. Wiederhole den Schritt am anderen Bein.

5. Wende die Hosenbeine auf die rechte Seite, schlage den gebügelten Saum wieder nach innen und nähe ihn fest.

6. Wende ein Hosenbein wieder auf links. Schiebe das auf rechts gewendete Hosenbein in das andere Hosenbein, sodass die rechten Stoffseiten wieder aufeinanderliegen.

7. Schließe die vordere und hintere Schrittnaht mit einer Naht. Verwende dafür einen Geradstich.

8. Schneide das Bündchen im Bruch aus dem Bund des Sweatshirts zu.

TIPP

Du kannst die Hose APPLE CRUMBLE auch mit einem Gummibund verarbeiten. Die Anleitung dafür findest du bei der Hose FLOWER POWER auf Seite 40.

9

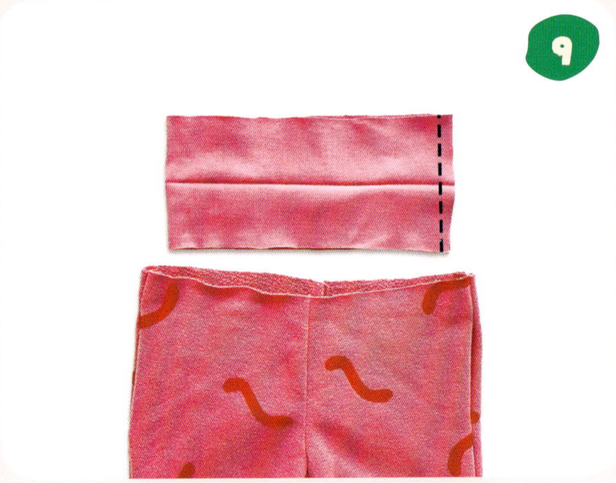

11

10

12

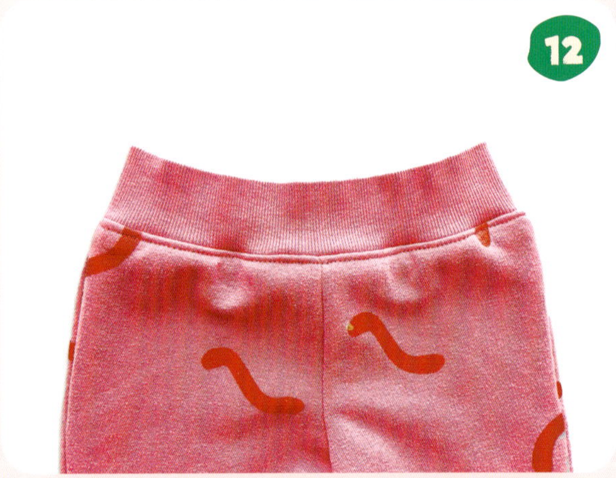

9. Falte das Bündchen rechts auf rechts und schließe die offene, schmale Kante mit einem Geradstich.

10. Falte das Bündchen im Anschluss der Höhe nach in der Hälfte links auf links.

11. Schiebe den Bund rechts auf rechts auf die Hose. Verteile die Mehrweite der Hose gleichmäßig auf das kürzere Bündchen und nähe es fest.

12. Damit die Nahtzugabe der Hose im Bundbereich an Ort und Stelle bleibt, lege sie nach unten Richtung Hose und steppe sie mit einem Abstand von etwa 0,5 cm zum Bündchen mit einem Geradstich ab. Yummie APPLE CRUMBLE ist fertig für die nächste Party!

TIPP

Du kannst das Bündchen vor dem Stecken vierteln. Die erste Markierung platzierst du auf der hinteren Mitte (hierfür eignet sich die Naht gut, die beim Zusammennähen des Bündchens entstanden ist). Die gegenüberliegende Markierung trifft auf die vordere Mitte der Hose und die anderen beiden Markierungen jeweils auf eine Seitennaht.

PICNIC
COOLE SHORTS

DU BRAUCHST …
ein gebrauchtes Kleid oder einen Rock. Aber auch ein altes Herrenhemd eignet sich hervorragend, um daraus eine gemütliche PICNIC zu nähen.

Wenn du Meterware verwenden möchtest:
PICNIC lässt sich sowohl aus Web- als auch aus Strickware nähen. Du kannst also Popeline, Twill, Denim, Jersey, French Terry und so viele andere Materialien für die Hose verwenden.

- Größe 80 bis 116 – 75 cm
- Größe 122 bis 140 – 90 cm
- 2,5 cm breites Gummi für den Bund – 1 m

TIPP
Bei Musterstoffen sollte man in der Regel beim Zuschnitt darauf achten, dass später alles gut zusammenpasst. Beim Upcycling ist das nicht immer möglich, wenn deine Ressourcen begrenzt sind. Also wirf den Perfektionismus über Bord. Er hält uns meist mehr auf und verhindert Kreativität und Flow. In diesem Sinne: Let's go!

TIPP
Nutze den Saum des gebrauchten Kleidungsstückes. Lege dafür die Schnittteile für die Hosenteile bis an die untere Kante des Kleidungsstückes. Gib hier keine weitere Saumzugabe hinzu.

ZUSCHNITT
Füge an allen Kanten 1 cm Nahtzugabe und 2 cm Saumzugabe an den Beinen hinzu.

Du findest alle Schnittteile auf SB 6.

- 2 x vordere Hose gegengleich
- 2 x hintere Hose gegengleich
- 2 x oberer Taschenbeutel gegengleich
- 2 x unterer Taschenbeutel gegengleich

PICNIC *ist eine gemütliche Shorts. Damit sie beim Spielen nicht stört, sitzt sie lässig, und in ihren Flügeltaschen lassen sich allerhand Alltagsschätze verstauen. Durch den Gummibund kann PICNIC schon von den Kleinsten selbst an- und ausgezogen werden.*

1. Versäubere die Kanten aller Schnittteile im Vorfeld. Alternativ kannst du die Nähte nach jedem Schritt gemeinsam versäubern. Platziere die oberen Taschenbeutel rechts auf rechts auf die Vorderhosen. Dabei schließen sie bündig mit der Kante des Tascheneingriffs ab. Nähe die oberen Taschenbeutel mit einem Geradstich an die Vorderhosen.

2. Falte den oberen Taschenbeutel um die Kante des Tascheneingriffs. Bügle die Kante und steppe sie knappkantig ab. Wiederhole den Schritt an der zweiten Vorderhose.

3. Lege die Vorderhose mit der linken Seite nach oben vor dich (du siehst nun aber auch die rechte Stoffseite des oberen Taschenbeutels) und platziere den unteren Taschenbeutel passgenau rechts auf rechts auf den oberen. Nähe oberen und unteren Taschenbeutel (aber nicht die Vorderhose) zusammen.

4. Platziere rechts auf rechts die passende Vorderhose auf dem Rückteil der Hose. Schließe die äußere Seitennaht und die innere Beinnaht mit einem Geradstich. Wiederhole den Schritt am anderen Bein.

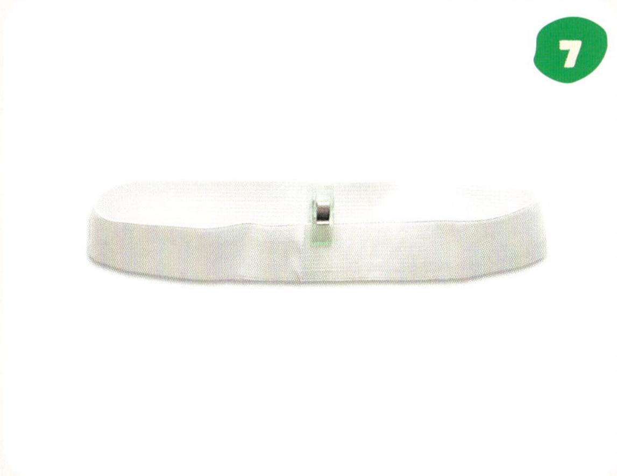

5. Wende ein Hosenbein auf rechts und schiebe es in das andere Hosenbein, sodass die rechten Stoffseiten wieder aufeinanderliegen.

6. Schließe die vordere und hintere Schrittnaht mit einer Naht. Verwende dafür einen Geradstich.

7. Schließe das Gummiband für den Bund zu einem Kreis. Nähe es mit einem Zickzackstich zusammen. Wie du die richtige Länge des Gummibands ermittelst, steht auf Seite 40.

8. Stecke das Gummiband an die Innenseite des Bunds. Verteile die Mehrweite der Hose gleichmäßig auf das Gummi. Dazu „viertelst" du das Band vor dem Stecken. Die erste Markierung (die Naht am Gummiband) platzierst du auf der hinteren Mitte. Die gegenüberliegende Markierung trifft auf die vordere Mitte und die anderen auf die Seitennähte.

9. Nähe das Gummiband unter Dehnung mit einem Zickzackstich an die obere Kante der Innenseite der Hose.

10. Schlage den Bund genau um die Gummibreite nach innen und nähe ihn bei einem Abstand von etwa 2,5 cm (Gummibreite) mit einem Zickzackstich unter Dehnung rundherum fest. Das Gummiband wird dabei mitgefasst.

11. Wenn du keinen bestehenden Saum wiederverwendest, schlage die Beinsäume auf beiden Seiten nach innen um und nähe sie fest. Let's have a PICNIC!

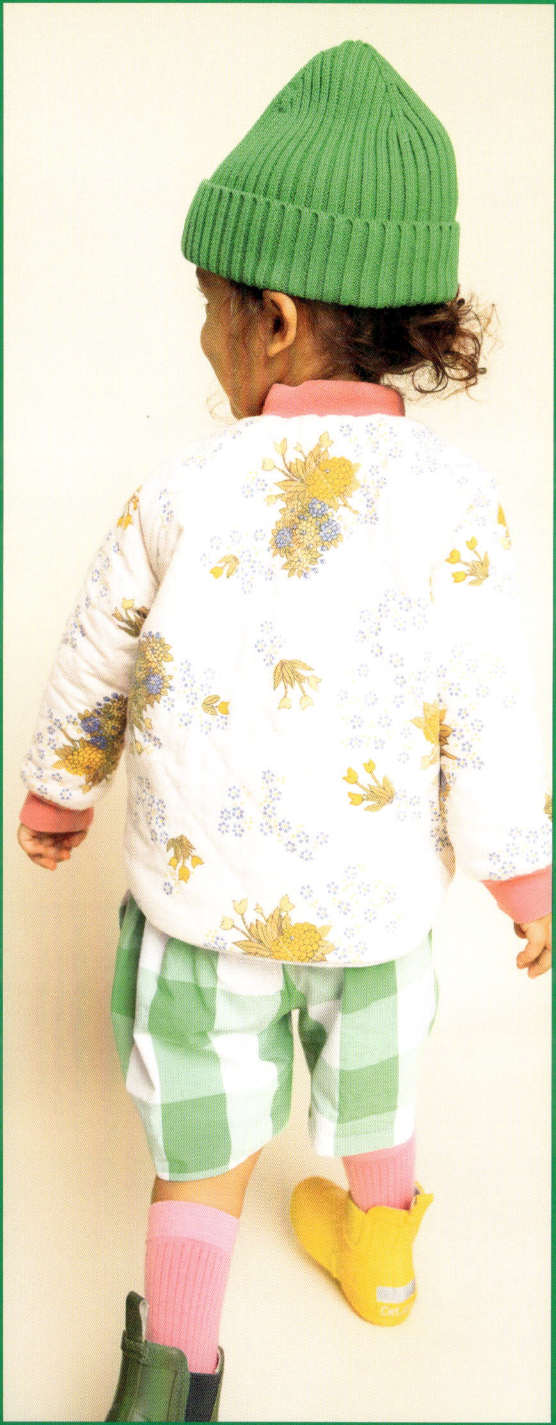

SEEDS

TASCHE FÜR KLEINE SCHÄTZE

DU BRAUCHST …

Stoffreste jeglicher Art, einen Knopf (z. B. einen Plastikdruckknopf) und etwas Volumenvlies. Bei dicken Stoffen wie Denim oder Canvas kannst du auf das Volumenvlies verzichten.

Wenn du Meterware verwenden möchtest:
SEEDS lässt sich sowohl aus Web- als auch aus Strickware nähen. Wenn du Strickware verwendest, solltest du auf jeden Fall zusätzlich ein Vlies verwenden, damit die Tasche später nicht ihre Form verliert.

- Für alle Größen – 25 cm Außenstoff
- Für alle Größen – 25 cm Innenstoff
- Für alle Größen – 25 cm Volumenvlies
- 1 Knopf

TIPP

Anstelle von Volumenvlies kannst du auch den Stoff von alten Fleecejacken verwenden.

ZUSCHNITT

Füge an allen Kanten 1 cm Nahtzugaben hinzu. Der Streifen für den Träger enthält die Nahtzugabe bereits.

Du findest alle Schnittteile auf SB 5.

- 2 x Taschenbeutel aus Außenstoff
- 2 x Taschenbeutel aus Innenstoff
- 2 x Taschenbeutel aus Volumenvlies/Fleece
- 1 x Taschenklappe aus Außenstoff
- 1 x Taschenklappe aus Innenstoff
- 1 x Taschenklappe aus Volumenvlies/Fleece
- 1 x Streifen 4 cm breit für den Träger
  (die Länge kannst du je nach Bedarf variieren)

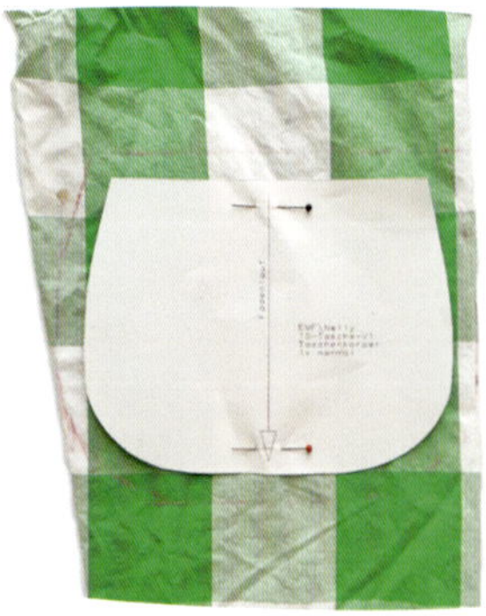

TIPP

Da später alle Nähte der Tasche innen liegen, kannst du auf das Versäubern der Kanten verzichten.

Die kleine Tasche **SEEDS** ist schnell genäht und extra gedacht für kleine Kinderschätze. Sie lässt sich hervorragend aus Stoffresten nähen.

1. Lege zunächst alle Taschenbeutel der Außentasche aufeinander. Unten liegt das Volumenvlies, darauf ein Teil aus Außenstoff mit der rechten Stoffseite nach oben. Auf dieses Teil legst du rechts auf rechts ein weiteres Teil aus Außenstoff. Ganz oben liegt ein Taschenbeutel aus Vlies.

2. Nähe alle vier Lagen mit einem Geradstich zusammen. Die obere Kante der Tasche bleibt offen. Schneide die Nahtzugabe um etwa 0,5 cm zurück.

3. Lege die Klappe aus Volumenvlies vor dich. Platziere darauf die Klappe aus Innenstoff mit der rechten Stoffseite nach oben. Lege nun die Klappe aus Außenstoff rechts auf rechts darauf.

4. Nähe die drei Lagen der Klappe zusammen. Die obere Kante bleibt dabei offen. Schneide die Nahtzugabe um etwa 0,5 cm zurück.

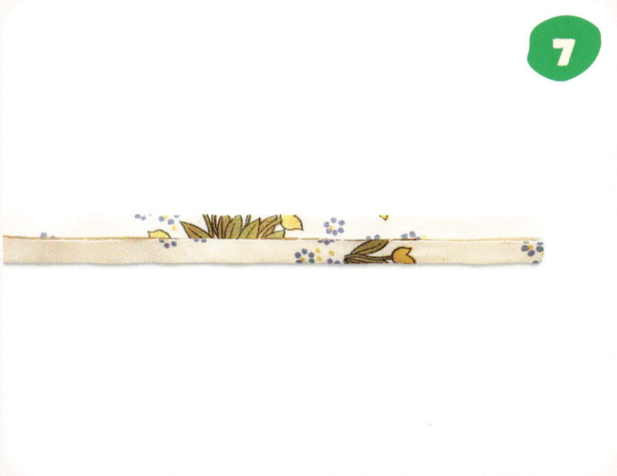

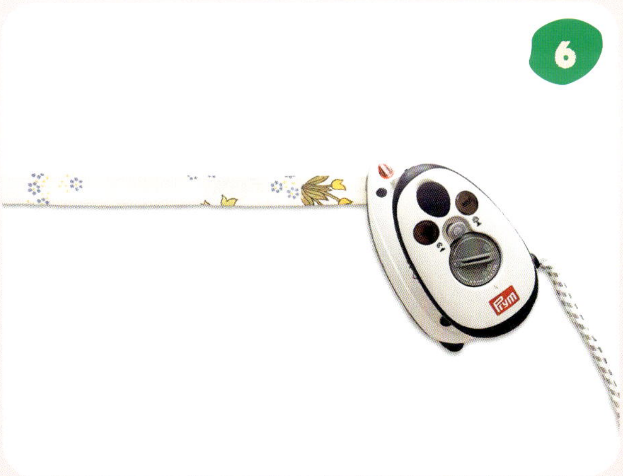

5. Wende die Klappe auf die rechte Seite und steppe sie knappkantig mit einem Geradstich ab.

6. Lege den Streifen für den Träger vor dich und falte ihn links aufs links der Länge nach in der Mitte. Bügle die entstandene Kante.

7. Falte den Träger wieder auf und klappe jeweils die Außenkanten links auf links zur Bügelfalte in der Mitte. Bügle die Kanten.

8. Falte den Träger wieder der Länge nach links auf links und schließe die lange, offene Kante knappkantig mit einem Geradstich.

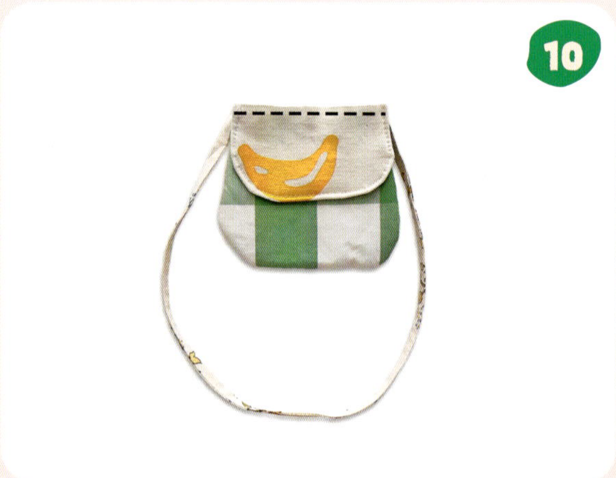

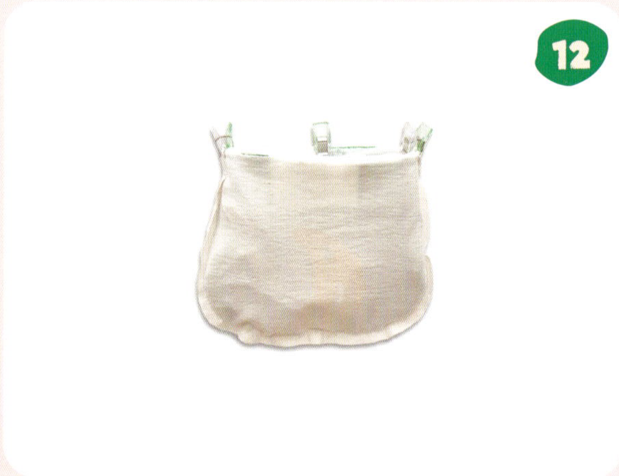

9. Wende die Außentasche auf rechts. Stecke den Träger von außen an die Tasche, dabei liegt er auf den seitlichen Nähten der Tasche. Nähe ihn innerhalb der Nahtzugabe auf beiden Seiten fest.

10. Lege nun die Klappe auf eine Seite der Tasche. Dabei zeigt der Innenstoff zu dir. Der Außenstoff berührt die Tasche. Nähe Klappe und Tasche zusammen.

11. Lege die zwei Taschenbeutel aus Innenstoff rechts auf rechts vor dich und nähe die Innentasche zusammen. Schneide die Nahtzugabe um etwa 0,5 cm zurück.

12. Schiebe die Außentasche rechts auf rechts in die Innentasche. Die Klappe und der Träger liegen innen. Nähe jetzt Außen- und Innentasche entlang der oberen Kante zusammen. Lasse dabei an der vorderen Kante (dort wo nicht die Klappe zwischen liegt) eine Wendeöffnung von etwa 4 cm. Wende die Tasche durch die Wendeöffnung auf die rechte Seite.

13. Schließe die Wendeöffnung entweder knappkantig mit der Nähmaschine oder mit einem Handstich und bringe den Knopf an.

14. SEEDS ist bereit, die wunderbarsten Kinderschätze zu hüten!

BLOSSOM

WENDEHUT

DU BRAUCHST …

Stoffreste jeglicher Art und etwas Volumenvlies oder Stücke einer alten Fleecedecke.

Wenn du Meterware verwenden möchtest:
BLOSSOM lässt sich sowohl aus Web- als auch aus Strickware nähen. Wenn du Strickware verwendest, solltest du auf jeden Fall zusätzlich ein Vlies verwenden, damit der Hut später nicht seine Form verliert.

- Für alle Größen – 40 cm Außenstoff
- Für alle Größen – 40 cm Innenstoff
- Für alle Größen – 40 cm Volumenvlies

ZUSCHNITT

Füge an allen Kanten 1 cm Nahtzugaben hinzu.

Du findest alle Schnittteile auf SB 5.

- 2 x Seitenteil im Bruch aus Außenstoff
- 2 x Seitenteil im Bruch aus Innenstoff
- 2 x Seitenteil im Bruch aus Volumenvlies
- 1 x Kopfteil im Bruch aus Außenstoff
- 1 x Kopfteil im Bruch aus Innenstoff
- 1 x Kopfteil im Bruch aus Volumenvlies
- 2 x Krempe im Bruch aus Außenstoff
- 2 x Krempe im Bruch aus Innenstoff
- 2 x Krempe im Bruch aus Volumenvlies

TIPP

Da später alle Nähte des Huts innen liegen, kannst du auf das Versäubern der Kanten verzichten.

BLOSSOM *ist die perfekte Ergänzung für alle Outfits deiner Kollektion. Er lässt sich super aus Stoffresten nähen, schützt im Sommer vor Sonne und im Winter vor Kälte. Weil du ihn wenden kannst, ist der Hut eigentlich zwei Hüte.*

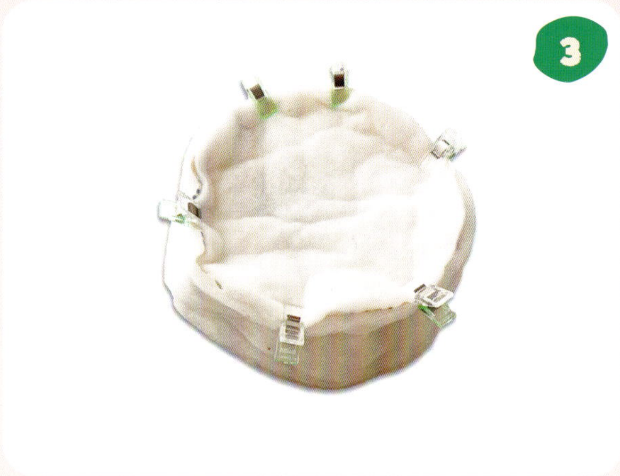

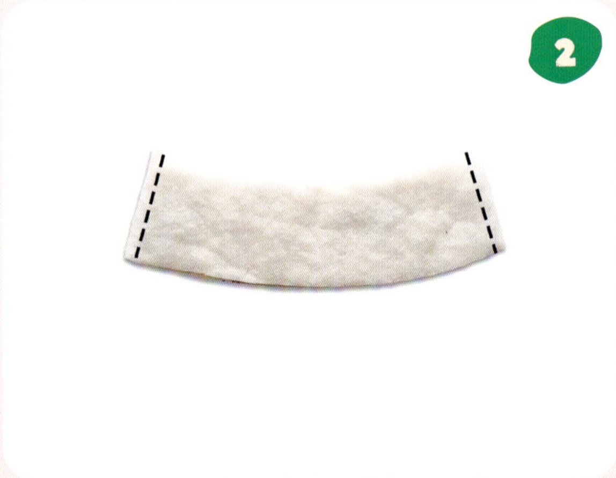

1. Seitenteil und Krempe des Huts werden gleich genäht. Lege dafür das Volumenvlies vor dich, platziere darauf mit der rechten Seite nach oben das erste Seitenteil aus Außenstoff, lege dann das zweite Seitenteil rechts auf rechts darauf. Lege zuletzt noch ein Seitenteil aus Volumenvlies darauf.

2. Nähe die Seitenteile an den beiden kurzen Seiten zusammen. Nähe die Krempe des Außenhuts auf dieselbe Weise.

3. Lege das Kopfteil aus Volumenvlies vor dich und ein Kopfteil aus Stoff mit der rechten Stoffseite nach oben darauf. Stecke das Seitenteil nun rundherum an das Kopfteil. Die linken Seiten (aus Volumenvlies) zeigen nach außen. Nähe die beiden Teile zusammen. Wende den Hut.

4. Stecke und nähe die Krempe an das Seitenteil des Huts. Achte darauf, dass die Nähte von Seitenteil und Krempe aufeinanderliegen.

5. So sieht dein erster Hut nun aus. Nähe einen zweiten Hut auf dieselbe Weise (aber ohne Volumenvlies). Lasse dabei in einer Seitenteilnaht eine Wendeöffnung von einigen Zentimetern.

6. Schiebe die Hüte rechts auf rechts ineinander und achte darauf, dass die Nähte dabei aufeinandertreffen.

7. Nähe die Hüte an der unteren Kante rundherum zusammen.

8. Wende den Hut durch die Wendeöffnung und schließe diese im Anschluss von Hand. Steppe die Krempe mit einem Abstand von etwa 0,5 cm zur unteren Kante ab und feiere die Blütezeit.

DANKE

Die **FASHION FRUITS** würde es nicht geben, wenn sie nicht täglich in Form meiner drei Söhne durch mein Leben hüpfen würden. Jungs, ihr seid meine größte Inspiration, die geduldigsten Models, und eure Zukunft ist der Grund, warum Mode neu gedacht werden sollte. Für nichts auf der Welt bin ich so dankbar, wie dafür, dass ihr mich ausgesucht habt, eure Mama zu sein.

Artur, du bist mein Base, mein wichtigster Cheerleader, mein treuer Kritiker. Auch wenn ich gegen deine Anmerkungen häufig zuerst rebelliere, sind mir wenige andere so wichtig wie deine. Sie werfen Licht auf die dunklen Flecken, und mit keiner anderen Boje wäre ich lieber am Meeresgrund verankert.

Jane, Werner und Johannes, ihr habt in mir die Saat gesät, meiner inneren Stimme zu vertrauen und immer meinen eigenen Weg zu gehen. Dank euch sind meine Wurzeln stark und meine Neugier und Begeisterungsfähigkeit können ständig neu erblühen.

Geliebte Omibo, mit dir habe ich das allererste Mal genäht, und weil du es meinen Jungs nicht mehr beibringen kannst, mache ich das. Weil es so glücklich macht, ein Handwerk zu beherrschen.

Ich danke den Lieblingsfrauen in meinem Leben. Je älter ich werde, desto klarer wird mir, dass Weniges so mächtig ist wie die Verbindung zu euch. Ich danke euch fürs Halten, fürs Zuhören, fürs Bestärken und fürs Anpacken. Jede Frau braucht Frauen wie euch!

Ihr fantastischen Sew Sisters, ich danke euch für eure unglaubliche Kreativität, dass ihr meine Schnittmuster zum Leben erweckt, dass wir zusammen Kleidung nähen, die schöner aussieht als gekauft und die Fast-Fashion-Industrie entschleunigt. Ihr lasst die spannendsten Ideen in mir aufkommen und jeder Austausch mit euch lässt mich an eine gute Zukunft glauben.

Kira, ohne deine Hartnäckigkeit würde es die **FASHION FRUITS** und damit mein erstes Buch nicht geben. Danke, dass du drangeblieben und selbst eine Sew Sister geworden bist.

Astrid, ich danke dir, dass wir, ohne uns je gesehen zu haben, so unkompliziert kommunizieren konnten, dass alle 15 Nähprojekte in Form von Schnittmustern in diesem Buch enthalten sind.

Verena, ich danke dir für das wahrscheinlich beste Siebdruck-Equipment ever. Mit Akkolade Studio trägst auch du dazu bei, dass wir alle auf Fast Fashion verzichten können. Danke an Prym, Rico und Cricut für das gute Werkzeug und tausend Dank an alle Einrichtungen, die gebrauchten Textilien zu einem nächsten Leben verhelfen.

Liebe Judith Mattes-Schneider von Judith Macht das, liebe Odenkirch Schwesten von Studio Bim Bam, liebe Sandra Spitzer von Studio Sandrine und liebe Ekaterina Trukhan, ich danke euch für eure Arbeit, die mich unter anderem zu der **FASHION-FRUIT**-Kollektion inspiriert hat. Ich danke euch von Herzen, dass ich eure Werke im Rahmen meines Moodboardes zeigen darf.

Ich danke dir! Denn mit dem Kauf des Buches machst du dich auf eine Reise, die so einzigartig und wundervoll ist wie die Kleidung, die dabei entstehen kann. Wir werden nicht von einem Tag auf den anderen die Textilindustrie revolutionieren, aber wir können einen Beitrag dazu leisten und anderen zeigen, dass es gar nicht schwer ist, Kleidung zu nähen, die schöner aussieht als gekauft, und dabei deutlich weniger Ressourcen verbraucht als herkömmliche Textilien.

HERZGRUSS

Nelly

Über die Autorin

Wenn es eine Devise gibt, nach der Nelly lebt, ist es die, dass es für uns alle möglich ist, Kleidung selbst zu nähen, die schöner aussieht als gekauft. „Tschüss, Fast-Fashion-Industrie und hello, Slow Fashion." Sie lebt mit ihren 4 Männern mitten in Berlin. Drei der Kerle inspirieren sie ständig, stylische Kinderschnittmuster mit Tragekomfort und Funktionalität zu entwickeln. Außerdem kreiert Nelly Online-Workshops und passende Schnittmuster. Als gelernte Mode- und Textilmanagerin hat sie ihre große Leidenschaft zum Beruf gemacht. Nun lebt sie ihren Traum der Koko & Dolores Online-Welt, um möglichst viele Menschen dafür zu begeistern, die Modeindustrie zu entschleunigen und dabei das eigene Kreativzentrum zu aktivieren.

IMPRESSUM

Bibliografische Information der Deutschen Bibliothek.

Die Deutsche Bibliothek verzeichnet diese Publikation in der Deutschen Nationalbibliografie.

Detaillierte bibliografische Daten sind im Internet über http://www.dnb.de/ abrufbar.

EIN BUCH DER EDITION MICHAEL FISCHER

1. Auflage 2024

Covergestaltung, Layout und Satz: Alexandra Wolf

Projektleitung: Kira Weingarten

Lektorat: Sarah Holzwarth

Schnittdirectrice: Astrid Hein

Fotos: Cover- und Projektfotos: Franziska Freiwald, alle anderen Fotos: Nelly Kolodziejski-Ruthenbeck

ISBN 978-3-7459-0629-5

Gedruckt bei Polygraf Print, Čapajevova 44, 08001 Prešov, Slowakei

www.emf-verlag.de